―最新研究にふれる八十八話―

四国遍路と世界の巡礼

下

愛媛大学四国遍路・
世界の巡礼研究センター

創風社出版

はじめに

胡　光

一二〇〇年の歴史を有する四国遍路は、今もなお多くの人々を四国へ誘い、地域の人々もお接待で迎える、生きた四国の文化です。

愛媛大学四国遍路・世界の巡礼研究センターは、四国遍路の歴史や現代の実態を解明し、世界各地の巡礼との国際比較研究を行うことを目的として設立されました。センターの前身は、二〇〇〇年に法文学部と教育学部の教員で結成した「四国遍路と世界の巡礼研究会」で、文系教員が共同研究を行い、研究成果を毎年発信してきました。この実績は、文部科学省が二〇一四年に公表したミッションの再定義においても高い評価を得ました。二〇一四年は、四国遍路開創一二〇〇年の年として、四国遍路への社会的関心も高まっていました。こうして、二〇一五年に法文学部附属のセンターが誕生し、二〇一九年四月には全学センターとなりました。

本センターでは、歴史学、文学、社会学、地理学、民俗学、観光学などさまざまな分野の教員が結集し、他大学や博物館・官公庁などとも連携しながら、四国遍路と世界の巡礼の学際的研究を進めるとともに、四国遍路の世界遺産登録への学術的協力など、地域貢献にも努めています。

近年、「四国遍路」を世界遺産にという気運が四国4県で高まっています。世界遺産に推薦されるためには、まず「暫定リスト（暫定一覧表）」に記載され、ユネスコに提出される必要があります。二〇二四年四月二三日に行われた文化庁文化審議会で、「暫定リスト」を検討する世界文化遺産部会ワーキンググループが設置される、新たな動きがあり、「四国遍路」の「暫定リスト」入りが期待されています。世界遺産化の条件には、「資産の文化財指定」と「普遍的価値の証明」があげられます。文化財指定のためには、霊場と遍路道の調査が、普遍的価値の証明には、四国遍路の特徴を日本や世界の巡礼と比較して明らかにする必要があります。これらの作業は、本センターの設立目的とも合致し、四国遍路の世界遺産化に向けて、学術面からの支援が求められています。さらなる協力体制の構築を目指して、二〇二〇年一月二五日には、現在の四国遍路世界遺産登録推進協議会普遍的価値の証明部会と協力協定の締結を行いました。

センターの研究活動を公開するために、毎年、講演会やシンポジウムを開催して、その成果を研究紀要『四国遍路と世界の巡礼』として刊行し、ホームページへも掲載しています。講演会やシンポジウムは、四国遍路に関心がある市民の皆様にも参加いただき、盛況を呈してきました。最新の研究成果を分かりやすく、多くの皆様に知っていただきたいという想いから、二〇一七年六月には、月刊情報誌『へんろ』において「四国遍路と世界の巡礼―愛大研究センター通信―」の連載が始まりました。四十四話までを『四国遍路と世界の巡礼―最新研究にふれる八十八話―』（上巻）として刊行したところ、好評を博し、このたび残りの四十四話を下巻として刊行して、八十八話を完結させました。その途上では、掲載誌が『隔月インタビュー』（ナレーション社）へと変更になりましたが、オールカラーで紙幅も増え、現在も連載を続けています。刊行にご協力いただいた『へんろ』編集部、ナレーション社、ならびに、刊行をお引き受けいただいた、創風社出版の大早友章様には、深く感謝いたします。

センターに集う学内外の多彩な研究者が紡いだ八十八の最新研究によって、四国遍路と世界の巡礼の魅力について、興味と理解が深まることができれば幸いです。

二〇二五年三月

＊本書の研究は、ＪＳＰＳ科研費２０Ｈ０１３０９・２３Ｋ２０１０７の助成を受けたものです。
＊本書の刊行は、愛媛大学基金のうち四国遍路研究基金を活用しています。
＊愛媛大学四国遍路・世界の巡礼研究センター・ホームページ（https://henro.ll.ehime-u.ac.jp）。

四国遍路と世界の巡礼（下）

―最新研究にふれる八十八話―

目次

四国遍路と世界の巡礼（下）

――最新研究にふれる八十八話――

第45話　空也と辺地修行

寺内　浩

『空也誄』

空也《くうや》（九〇三〜九七二）は平安時代中期の僧で、市中を巡りながら人々に念仏を勧め、「市聖《いちのひじり》」と呼ばれた。空也についてはは後世さまざまな伝記が作られたが、それらの基本となっているのが源為憲《ためのり》の『空也誄《くうやるい》』である（誄は、死を悼み、その人を讃える文章）。源為憲（?〜一〇一一）は平安中期を代表する文人で、空也とほぼ同時代に生きた。為憲は慶滋保胤《よししげのやすたね》らとともに勧学会《かんがくえ》（天台宗の僧侶と文人が合同で念仏や作文を行う行事）を催すなど、浄土思想に深い関心を持っていたので、空也の死を悼み、その業績を讃えるために『空也誄』を作成したのであろう。文末に「遺弟子を本寺に尋ね、又先後に修する所の法会の願文、唱ふる所の善知識文、数十枚を集め、以て平生の蓄懐を知る」とあり、為憲は空也の弟子から聞いた話や法会の願文などをもとにこれを著したらしい。

『空也誄』には空也の生涯にわたる教化活動が簡潔に述べられている。空也は九三八年（天慶元）三六歳の時に京都へ戻り、以降は京都を中心に活動するが、それまでは諸国を遍歴していた。空也は諸国を巡りながら、野原に放置された遺骸を火葬し、人々が難儀している険しい山道を整備するなどの社会事業を行った。また、陸奥・出羽国まで足を伸ばし、その地域の人々に仏の教えを説いた。一方で、播磨国揖保《いぼ》郡峯合《みねあい》寺で経論を読習し、次に述べるように阿波国湯嶋《ゆしま》で厳しい修行を行った。

湯嶋での修行

『空也誄』によると、湯嶋には霊験あらたかな観音菩薩像があり、空也は観音菩薩に出会うため、その島に詣でた。空也は全国を巡っているので、四国での辺

伊島の観音堂

地修行の途上立ち寄ったのが湯嶋であろう。この湯嶋は、徳島県阿南市蒲生田《かもだ》岬の東方約六キロの海上にある伊島《いしま》に比定されている。伊島は四国最東端に位置する島で、本島・前島・棚子《たなご》島の三つの島からなる。伊島は観音信仰が盛んなところで、松林《しょうりん》寺の観音堂は空也が開いたと伝える。

空也は終日慎み敬い、数か月練行につとめたが、観音菩薩を見ることはできなかった。そこで、穀粒を絶って観音像に向かい、腕の上に香を焼いて、七日間昼も夜も動かず眠ることもなかった。最後の夜、観音像から深遠な光が放たれた。観音菩薩が、目を閉じると見え、目を開けると見えなかった。腕には香を焼いて焦げた痕が残っていた。

空也が観音菩薩を感得した時の様子を『空也誄』はこのように記している。断穀して腕上に香を焼き、七日の間不動不眠でひたすら祈るという苦修練行は、空也だけでなく当時の辺地修行者が各地の霊験所で行っていたものであろう。もちろん、読経などの修行形態もあっただろうが、『空也誄』は辺地修行者の修行内容を具体的に描いたものとして非常に貴重である。

『土佐日記』と湯嶋

湯嶋が当時有名な霊験地だったとすると、想起されるのが、この付近で手向《たむ》け（神仏に幣帛などを供えること）をしたという『土佐日記』の記述である。紀貫之《きのつらゆき》が国司の任期を終えて土佐国から船で都に帰ったのは九三五年（承平五）、つまり空也が諸国を遍歴していた時期である。『土佐日記』の一月二六日に「途《みち》に、手向《たむけ》するところあり、梶取《かじとり》して、幣奉らす《ぬさたてまつ》（途中に祈願するところがあったので、梶取に御幣を奉らせた）」とある。貫之一行は前日まで数日間日和佐《ひわさ》に留まっており、二六日にそこを出て、蒲生田岬をまわり、橘浦《たちばなうら》（この他、答島《こたじま》、椿泊《つばきどまり》など諸説あり）に着いた。蒲生田岬・湯嶋は外洋から瀬戸内海に入るところに位置し、またその付近は航路の難所だったので、船人たちは航路の安全を祈願して奉幣したのであろう。奉幣したのは蒲生田岬より西の海上だったようだが、湯嶋に観音菩薩がまつられたのも同様に航路の安全を祈るためであろう。同じく難所であった室戸岬には津寺（二十五番札所津照寺）があり、地蔵菩薩がまつられていた。平安時代の説話集『今昔物語集』巻一七―六によると、船人たちは津寺に詣で、地蔵菩薩に結縁《けちえん》していた。航路の難所にはその安全を守る仏がいたのである。

第46話　古代の辺地修行者と地域の人々

寺内　浩

『今昔物語集』の辺地修行者

八十八の札所を一般の人々が巡るという、現在と同じかたちの四国遍路ができあがるのは、約四〇〇年前のことである。それ以前の古代中世の四国遍路は、僧侶や修験者などのプロの宗教者が修行のため四国の海岸部や山々を巡るものであった。このきびしい修行を辺地《へち》修行といい、弘法大師空海もそうした辺地修行者の一人であった。

空海の時代、つまり平安時代の辺地修行者の様子を現代に伝える史料が『今昔物語集』（平安時代の説話集、以下『今昔』とする）である。巻三一―一四には「仏の道を行ひける僧三人ともなひて、四国の辺地と云ふは伊予、讃岐、阿波、土佐の海辺の廻りなり。（仏道修行の僧三人が四国で辺地修行をしていた。それは伊予・讃岐・阿波・土佐の海辺を巡ることである。）」とみえている。以下では、この『今昔』を用いて平安時代の辺地修行者と地域の人々との関わりについてみていくことにしたい。

辺地修行者は長期間にわたって四国を巡るわけであるから、修行とはいえ食料や宿はやはり必要であった。辺地修行者はこれらをどのように確保していたのであろうか。『今昔』をみると、旅の僧が「日暮れにければ、人の家に借り宿りぬ。（日が暮れたので、人家を宿に借りた。）」（巻一五―二九）など、人家に泊めてもらう話がいくつもみえる。したがって、仏道修行に理解のある家があれば、修行者は野宿を避けることができた。

地方に隠遁《いんとん》した僧も修行者を助けていた。『今昔』巻一三―四は、法隆寺の僧であった法空《ほうくう》が故郷に帰り洞窟に籠もってひたすら法華経を読誦《どくじゅ》していたが、道に迷った修行者が偶然その洞窟を見つけ数日間世話になるという話である。当時は世俗化した大寺院を嫌って地方に隠遁する僧が多くおり、修行者にとってこうした隠遁僧は頼もしい存在であった。

修行者が人々に祈禱や供養を行うこともあった。平安時代の仏教信仰は「現世安穏《げんぜあんのん》」と「後生善処《ごしょうぜんしょ》」、すなわち現世と来世の両方での幸せを願う二世安楽的信仰が基本である。平安時代の仏教といえば浄土信仰が強調されるが、実際には仏教に対して人々は浄土への往生とともに現世利益《げんぜりやく》も大いに期待していた。地域に住む僧とともにこうした人々の要求に応えていたのが旅の修行者である。『今昔』には、盲目の流浪僧が村に招かれ法華経を読み病人を治す（巻一三―

一八)、遍歴の法師が疫病退散のための供養を行う(巻一四―四四)、旅の僧が念仏講を行う(巻一五―二四)などの話がみえる。このように各地を巡る修行者は民衆の願いや求めに応えていた。もちろん、修行者はその見返りとして一定の報酬を得ていたと考えられる。

乞食僧と地域の人々

修行者の修行生活が地域の人々に支えられていた様子をみてきたが、その一方であまり歓迎されない者もいた。それが乞食《こつじき》僧、つまり僧の身なりはしているが実態は物乞いである僧たちであり、一般の人々からは好意的にみられてはいなかった。しかし、仏教本来の教えは「乞食の中にこそ、古も今も仏菩薩の化身ぞ在《まします》。(乞食僧の中にこそ、昔も今も仏菩薩の化身がおられる。)」(巻二〇―二六八)であり、乞食僧の排除を決

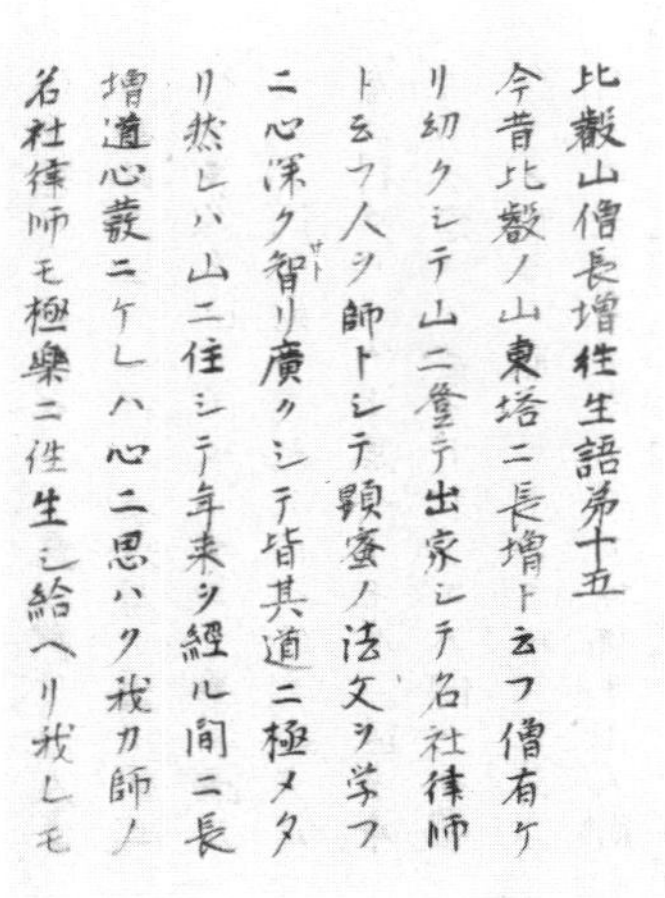
比叡山僧長増往生語第十五
今昔比叡ノ山東塔ニ長増ト云フ僧有ケ
リ幼クシテ山ニ登テ出家シテ名社律師
ト云フ人ヲ師トシテ顕蜜ノ法文ヲ学フ
ニ心深ク智《サト》リ廣クシテ皆其道ニ極メタ
リ然レハ山ニ住シテ年来ヲ經ル間ニ長
増道心發ニケレハ心ニ思ハク我カ師ノ
名社律師モ極樂ニ往生シ給ヘリ我レモ

『今昔物語集巻』巻 15-15
(国立公文書館蔵)

して容認してはいなかった。『今昔』には乞食僧に冷淡な態度を取ったため仏罰を受けた話がいくつもみえている。また、修行者の中にはあえて乞食修行を選択する者もいた。それが巻一五―一五の「比叡山の僧長増《ちょうぞう》往生の語」である。

比叡山延暦寺の高僧長増は乞食修行をしながらひたすら念仏をとなえ四国を巡っていたが、弟子の清尋《じょうじん》が伊予守藤原知章《ともあき》に伴って伊予国に下向したので、懐かしさのあまり彼に会いに行ったところ、長増が実は高僧であることがわかってしまったという話である。この話で興味深いのは、長増がぼろを着て弟子の清尋を尋ねた時、人々は乞食僧が来たと言って彼を追い返そうとしたが、長増の正体がわかると態度を一変して彼を敬うようになったことである。仏教本来の教えを理解していたならば乞食僧を受け入れたであろうが、一般の人々はどうしても修行者を身なりだけで判断してしまうことが多かったようである。

平安時代の四国は、有能な修行者、乞食僧、さらには乞食修行をする高僧までさまざまな僧や修験者が巡り歩いていた。そして地域の人々の彼らに対する態度も多種多様だったのである。

第47話　平安期の女性の「山踏み」――かな文学作品にみる実相――

西　耕生

仏道修行の「山踏み」

「遍路」の語原である古語ヘチは、かつて日本列島各地の水際に臨んだ急峻《きゅうしゅん》な地勢を意味した。平安期のかな文学作品に見える「山踏み」とは、このヘチを踏む難行を含んだ「山林斗藪《とそう》」に対応する名詞である。身心を修練して欲望を払いのける斗藪（頭陀《ずだ》）の修行場に、ヘチは不可欠であった。

「深山ニ入リ、仏道ヲ思惟《しゆい》」（『法華経』序品）すべしとの教えに基づき、「少年ノ日好ンデ山水ヲ渉覧《しょうらん》」（『性霊集《しょうりょうしゅう》』巻九）した空海はじめ、平安前期の宇多《うだ》法皇の「山踏み」に御供した僧正聖宝《しょうぼう》や素性《そせい》法師など（以上『後撰和歌集』詞書《ことばがき》）、もっぱら出家が仏道修行するという通例の中に、わずかながら女性の「山踏み」も見とめられる。

道綱母の物詣　―『蜻蛉日記』下巻

『蜻蛉《かげろう》日記』下巻（九七四年［天延二］二月）には、作者道綱母が養女同伴で山寺へ参詣した以下のような記事がある。

「ある所に忍びて思ひ立つ、〝何《なに》ばかり深くもあらず〟といふべき所なり（某所へ密かに参詣を思い立つ、〝大して深くもない〟と言えるような所だ）」と始まる記述から、その目的地は特定できぬものの、比叡連峰の北限、横川《よかわ》のごとき所であったかと連想される。なぜなら〝何ばかり深くもあらず〟という表現が『大和物語』四三段に見える和歌の前半を踏まえているところから、比叡山を近くに望む「奥山」を表わすからである。『大和物語』四三段では、「ゑしうといふ法師」が或《ある》人に居所を問われて「何ばかり深くもあらず世の常の比叡《ひえ》を外山《とやま》と見るばかりなり（……平凡な比叡山を低い里山と見る程度の所だ）」と答えている。あの「比叡を外山と見る」ような所にいる!?――実は「横川といふ所にあるなりけり」と種明かしされている。

　春先「野焼きなどする頃の」道中、桜の開花もまだまだで眼福もなく「いと奥山は鳥の声もせぬものなりければ」鶯の声さえせず、聞こえるのは涌《わ》きかえり流れる水音のみ。道綱母はここでもやはり、古歌の一節を踏んでいる。「飛ぶ鳥の声も聞こえぬ奥山の深き心を人は知らなむ（飛ぶ鳥の声も聞こえない、人里離れた奥深い山のように深く秘めた私の気持を、あの人には知ってほしい)」(『古今和歌集』恋歌一)——下句で表わされる恋心の趣を、日記作者は叙景の域にとどめる。「何ばかり深くもあらず」という逆説的な言い回しとも相俟《あいま》って、いかにも「深き」奥山へと分け入る自身の切実な現実が、和歌的修辞で綴《つづ》られている。

〈山踏む〉道綱母

日没時ようやくたどり着いた道綱母は、御燈明など供え、立ち居に仏を礼拝すること「一時《ひととき》(二時間)ばかり」。やがて、明け方降り出した雨に「簑や、笠や」と騒ぐ人とは対照的に「我はのどかにてながむれば、前なる谷より雲しづしづと上るに、いともの悲しうて(私はのんびり辺りを眺めていると、前の谷から雲がゆっくりと立ち上る様子に、何もかも悲しくなって)」、その感懐を一首の和歌に仕立てて回想する。

「思ひきや天《あま》つ空なる雨雲《あまぐも》を袖して分くる山踏まんとは(思いもしなかった! 天上遥かにある雨雲を袖で押し分けるような山を踏もうとは)」——結句に据えられた〈山踏む〉とは、仏道修行のため奥深い山寺に到り着いたことをいう。第二句の「天つ空なる」も相俟って、〈山踏む〉には、徒歩による〝実践〟すなわち自らの足で険しい山道を践《ふ》んだ体験の実感がこもる。こんな〈山踏む〉が熟合して名詞化した形が「山踏み」なのである。

姫君の初瀬詣　―『源氏物語』玉蔓

『源氏物語』玉蔓《たまかづら》には、筑紫から上京した、亡き夕顔が遺した二〇歳ばかりの姫君一行が、姫の開運を祈るため初瀬詣の道中、椿市《つばいち》で偶然、夕顔の侍女であった右近との再会を果たす場面が設定されている。徒歩での移動に閉口し、やむなく休む姫の様子が活写されている。

「からうして、椿市といふ所に、四日といふ巳《み》の時ばかりに、生ける心地もせで、行《い》き着き給へり。歩むともなく、とかく繕ひたれど、足のうら動かれずわびしければ、せむかた無くて休み給ふ。（やっと、椿市という所に、京を出て四日目という午前一〇時頃に、生きた心地もせず、到着。道中歩くとも言えぬありさまで、あれこれ手当したけれど、もう一歩も踏み出せずつらいので、やむなく休憩。）」――もとより虚構だけれど、当時の読者もリア

初瀬詣の長谷寺本堂と登廊（撮影：今村賢司）

リティを感じた描写にちがいない。道綱母が養女を同伴したのも、娘の開運祈願であったかと思い合わせられる。

初瀬詣から帰京した侍女右近

さて、姫と再会できた一方の右近も「徒歩《かち》より（歩いての参詣）」であった。右近は、帰京後源氏に、姫との邂逅《かいこう》を以下のように告げる。「まかでて、七日に過ぎ侍りぬれど……山踏みし侍りて、あはれなる人をなむ見たまへつけたりし（お暇をいただいて七日以上たちましたが……山寺にお参りして、可憐な人を見つけました）」――京からおおよそ往復七日の初瀬詣を、右近は「山踏み」と言う。

かくして「山踏み」を単なる山歩きと理解するのは、穏当を欠くであろう。室町前期の歌人正徹《しょうてつ》のごとく「山踏みは山を踏むなり」（『正徹物語』）とでも説くよりほかはない。

第48話 「花の下」の蹴鞠 ——異本『狭衣』にみる『源氏』の受容——

西 耕生

伝慈鎮筆の異本『狭衣』

反町茂雄《そりまちしげお》『一古書肆の思い出 4』によれば、一九五〇年（昭和二五）四月一六・一七両日にわたり大阪・京都・名古屋で探索した古典籍の中に「異本狭衣物語《いほんさごろも》」があった。異本とは、もと同一の内容であった書物が、写し替え伝えられている間に、文章・文字などが変化し、普通に使われているものと異なった本のこと。四冊からなるこの異本は「伝慈円《じえん》大僧正筆／鎌倉中期写」だと記録されている。写本筆者と伝えられる慈円は、平安末期から鎌倉初期の僧・歌人で、天台座《ざ》主《す》（天台宗比叡山延暦寺の長）を歴任、その諡号《しごう》（死後贈られた称号）を「慈鎮《じちん》」という。

再び反町氏の著書によれば、この異本は「『狭衣』として恐らく現存最古の写本で〔……〕流布本とは異同が多く、学問的に甚だ重要。枡型本、雲形紙の原装。小さめの文字、十三行詰。保存極上本。〔……〕これは吉田幸一博士へ。後に重要文化財に指定さる」という、当時「新発見の資料」であった。

吉田幸一編『狭衣物語諸本集成』第三巻に、口絵写真数葉とともに本文の翻刻を収める伝慈鎮筆本（以下、慈鎮本と略称）が、この異本である。吉田博士の巻末解説においても「四巻一筆の現存最古写本であ」り「現存唯一の完本としても貴重」ながら、筆写時期はやや繰りあげ「鎌倉時代前期の書写本と見て、大過ないものと思う」と結論づけられる。一九七二年（昭和四七）五月三〇日、重要文化財指定。現在、大阪青山歴史文化博物館（兵庫県川西市）に収蔵されている。

蹴鞠に興ずる若君達

『狭衣』の『源氏物語』摂取は、作品の構想から人物造型・場面・文章・語句の細部にまでわたり、〝意欲的な「取り込み」〟と目される（鈴木一雄《すずきかずお》「解説」新潮日本古典集成『狭衣物語 下』）。ここでは巻四の蹴鞠《けまり》の場面をとりあげ、通説とは異なる私見のあらましを述べる。なお『狭衣』本文の引用には慈鎮本を用い、漢字かな交じりに適宜改めながら、原文の翻刻をルビとして附す。

大納言・宰相中将などが斎院《さいいん》を訪れ、桜の下蹴鞠に興ずる『狭衣』巻四の描写は、周知のごとく『源氏』若菜上《わかなじょう》巻に描かれた六条院での蹴鞠の条を典拠とする。

若菜上巻では、まず、Ⓐ庭に「大将も督《かむ》の君も皆おり」立って「花の蔭《かげ》にさまよひ」鞠を蹴る「夕映え」の姿が描かれ、Ⓑ「雪のやうに降りかか」る桜花を「うち見上げて」鞠場から離れる大将（夕霧）に続いて、Ⓒ督の君（柏木《かしわぎ》）も「桜は避《よ》きてこそ」とつぶやき休息する――『源氏』のこんな展開を『狭衣』では、(a)若君達の「花の下《した》に漂《たゞよ》ふ姿ども」以上に「なまめかしき風《さま》貌《かたち》」をした宰相中将の、巧みな鞠足《まりあし》（蹴り足）に興じた大将（主人公）が、自分もも少し若ければ……と言うと、(p)〝まめ人《ひと》の大将は」ここにいらしたんじゃない!?〟と女房達がはやしたて蹴鞠への参加を促す。そんな慫慂《しょうよう》に対して主人公は、「まめ人（堅物《かたぶつ》）」というパッとしない評は認めながらも、鞠足を見比べられるのが癪《しゃく》なので……と辞退しながら、(b)落花を「見上《ミあ》げ」詩句を口ずさみ「高欄《かうらん》に押《お》しかゝ」っている。そんな彼のまなざしや声の様子は、(c)あの、「桜《さくら》は避《よに》きて」と言って「花《はな》の下《した》に休《やす》ら」った『源氏』の柏木よりも格段に優れ

承応三年板『さごろも』巻第四之上
（愛媛大学図書館蔵　鈴鹿文庫）

ている、と描き出す。『源氏』の描写ⒶⒷⒸと、『狭衣』の描写(a)(b)(c)と、両物語におけるその展開は密接に符合しているのである。

「まめ人の大将」―『源氏』夕霧からのスピンアウト

こんなふうに相即する描写をつなぐ要《かなめ》が『狭衣』の(p)である。『源氏』において「この世に目馴《な》れぬまめ人」（槇柱《まきはしら》）と称され、実直に「まめ人の名を取りて賢《さか》しがり（利口ブリ）給ふ大将」（夕霧巻頭）と評される夕霧と同じように、『狭衣』の主人公もこの場面で、「そのいたく屈《く》したる（鬱屈《うつくつ》シタ）名指《なざ》し」を受け容れている。特に、『狭衣』他本に「見給（て）」と作っている本文とは異なり、慈鎮本(b)に「見上げ給て」と作る措辞も、『源氏』若菜上巻Ⓑの「うち見上げて」に一層近しい。(a)→(p)→(b)→(c)と進展する慈鎮本において『狭衣』の大将は、あたかも「まめ人の大将」夕霧に擬せられていると目されるのである。

これは、『狭衣』全体に張り巡らされた趣向を解きほぐす、端緒の一つとなる。玉蔓《たまかづら》と夕霧とが従姉弟《いとこ》である『源氏』の人物設定を踏まえ、『狭衣』においても主要人物たる男女二人は従兄《いと》妹《こ》であった。巻一冒頭から主人公は、持参した花に意中の人（源氏宮）への思いを託す。その花を選び取る際に源氏宮がつぶやいた「花こそ春の」にこめられた謎が、巻四で明かされる。斎院《さいいん》となった源氏宮が古里の「八重桜《やえざくら》をば《バ》幼《おさな》くより取《と》り分《わ》きて」大切に扱っていたことから、「花こそ春の」の本歌は、山吹や藤でなく、森下純昭《もりしたすみあき》氏が論ぜられたように、桜を詠んだ歌に落ち着く。巻四に描かれる花の下の蹴鞠は、この「八重桜」を契機に配されているのであった。

　こうして、流布本や深川本の系統で読まれてきた『狭衣』は、異本に位置づけられる慈鎮本の読解を透して、新たな展望が開けるように思われる。

第49話　弘法大師の御影と四国遍路　――香川県の中世彫像からみる――

三好賢子

弘法大師の姿

四国遍路の成立背景には弘法大師空海の存在がある。巡拝する者にとって時代を問わず大師は身近にあり、札所寺院にもその姿、つまり御影《みえい》を奉安する御影堂（大師堂）が備えられている。

御影は「真如親王様《しんにょしんのうよう》」といわれる形式であらわされるものが画像彫像ともに多い。今、真如（高岳《たかおか》）親王が写したという伝承をもつ高野山御影堂の根本像を知ることはできないが、その第三伝とされる大阪金剛寺の画像により、その姿を推し測ることができる。やや右を向いて椅子《いす》式の牀座《しょうざ》に趺坐《ふざ》し、右手に五鈷杵《ごこしょ》、左手に数珠をとる姿は、彫像では正面を向くことが多いが、大師御影の基本的なスタイルとして踏襲されてきた。現存最古で、一二三三年（天福元）、空海の四百回忌を翌年に控え、運慶の子息康勝《こうしょう》によって製作された東寺西院御影堂像（国宝）もその筆頭である。

札所寺院の大師像

香川県では、二〇一二年（平成二四）の調査で、第六十七番札所大興寺の弘法大師像に像内銘記が確認され、一二七六年（建治二）勝覚を大願主《だいがんしゅ》に大仏師法橋《ほっきょう》佑慶《ゆうけい》によって造立されたものであることが判明した。興味深いのは、現在、天台大師堂に安置される天台大師智顗《ちぎ》像とともに本像が造立されたことで、大興寺が天台と真言の二宗を兼学していた時代背景をみることができる。

現在、四国内では大興寺像が製作年代の明確な基準作例のなかで最古例に位置付けられるが、一三一五年（正和四）三位法橋行継《ぎょうけい》作の愛媛県第四十二番札所仏木寺像や、元来は塔内の壁面に掛けられていた真言八祖像のレリーフであるが一三二七年（嘉暦二）大仏師法眼《ほうげん》定審《じょうしん》作の高知県第二十六番札所の金剛頂寺像も、鎌倉時代の御影として重要であろう。すでにこれら寺院が地域の弘法大師信仰の拠点的役割を果たしていたことが推測できる。

松尾寺の大師像

札所寺院ではないが、香川県琴平町にある松尾寺の大師像も中世に遡る。形式化していない穏やかな面持ちと控えめな衣文《えもん》が特徴的で、香川県下における大師像の優品である。像内の背部には造立願文《ぞうりゅうがんもん》が墨書きされており、行慶《ぎょうけい》と宗円《しゅうえん》の僧二人を大願主に、一三一九年（文保三）正月、大仏師法眼定祐《じょうゆう》と小仏師兵部《ひょうぶ》公定弁《こうじょうべん》によって造像が開始されたものであることなどが判明する。願文は「讃岐国仲郡善福寺御本願主」で始まるが、善福寺については明らかでなく、またこれが大師像の造立当初の所在を示すか否かは議論の余地を残している。さらに像内には舎利《しゃり》一粒と再興願文を籠めた木製五《ご》輪塔《りんとう》も納められていたが、その願文によると、本大師像は、金毘羅権現の別当《べっとう》、象《ぞう》頭山《ずさん》金光院の宥盛《ゆうせい》が、一六〇四年（慶長九）空海の忌日にあたる三月二一日に、御影堂本尊として再興し、御影堂は「三間四面」（身舎《もや》正面が柱間三間で東西南北の四方に庇《ひさし》を設ける）の規模で新設したという。御影堂はすでに失われているが、現在の書院の西方に位置し、多和《たわ》神社の松岡調《みつぎ》の日記

香川県指定有形文化財
松尾寺 木造弘法大師坐像
（香川県立ミュージアム提供）

によれば、神仏分離令後の一八六九年（明治二）四月、大師像はすでに御影堂から移されていたようである。

金毘羅と四国遍路

金毘羅の創始を考えると、この弘法大師像が造立当初から同地にあったとするのは難しいだろう。近世一七世紀初頭、金光院宥盛により新設の堂宇とともに大師像が再興されていたことは、その再興願文に「権現」の奇瑞が語られることからも、境内整備における金毘羅権現と弘法大師信仰の共生、つまり混淆の様相を呈していると言える。

江戸時代、四国遍路では札所以外を巡拝する者がいた。「四国辺路日記」の筆者、高野山の澄禅も、一六五三年（承応二）一〇月の祭礼時期に金毘羅を参詣し金光院の塔頭に数日滞在した。記述はないが真言僧澄禅が御影堂に上がり、大師像を拝したであろうことは想像に難くない。遍路の巡拝者が金毘羅にも参る背景には、金毘羅信仰の隆盛あるいはそこが名勝地ということがあるだろう。ただし、その境内にはたしかに大師像が奉安され、弘法大師信仰によるひとつの霊地としての場が備えられていたことに留意しておきたい。

第50話　聖護院道興の西国・四国下向とその伝承

長谷川賢二

聖護院道興と四国

一四九四年（明応三）、修験道史に名高い存在である熊野三山検校《けんぎょう》・聖護院門跡《しょうごいんもんぜき》の道興《どうこう》が四国の海岸や九州で修行をしたといわれている。四国遍路の源流は、院政期における聖《ひじり》による四国の海岸を巡る修行形態にあるが、それは山伏に継承され、修験道の成立期である一三～一四世紀、修行のパッケージに含まれていった。道興も四国の海岸巡りを行ったとなれば、修験道と四国遍路の形成との親和性が改めて確認できるだろうが、事実はどうなのだろうか。

道興の生涯

道興は一四三〇年（永享二）、近衛家に生まれた。幼くして園城寺に入り、後に聖護院を相承した。三山検校職のみならず、京都の新熊野を統括する新熊野検校職や、園城寺長吏《ちょうり》をも歴任した。一四六五年（寛正六）には、准三宮《じゅさんぐう》（准后《じゅごう》）宣下《せんげ》を受けたほか、将軍護持僧としての活動も知られている。

彼は、その生涯を通じて頻繁に巡礼や修行などを繰り返しており、修験道を体現する存在として知られてきた。列挙してみると、一四六六年（文正元）の諸国巡礼（尾張国〜安芸国）、同年から一四六八年にかけての熊野那智山参籠、一四八六〜八七年（文明一八〜一九）の北陸・東国二〇か国修行、一四九〇年（延徳二）の大和国大峰山入峰、一四九三〜九四年の西国・四国下向がある。最後に挙げた西国・四国下向がここでの問題となる。

西国・四国下向

道興の下向について、弟である近衛政家の日記『後法興院記《ごほうこういんき》』には次のように見える。一四九三年八月一三日に京都を出発して備前国児島（岡山県倉敷市）へ向かい、阿波国守護細川義春の被官《ひかん》である上野氏に押領された児島の新熊野社領に係る調停を行った。下向に先立つ四月一九日には、道興の側にいた「小嶋山伏」が政家のもとを訪れているが、児島における所領問題に関連してのことと思われる。この件が、道興が下向する理由であったとみられる。

一一月一九日には、讃岐国引田《ひけた》（香川県東かがわ市）に到着し、四国に上陸した。阿波国守護などを歴任し、細川氏一族の重鎮として著名な細川成之《しげゆき》により阿波国勝瑞《しょうずい》（徳島県藍住《あいずみ》町）に迎えられ、そこで越年することになった。勝瑞へ赴いたのは、先の所領問題が細川氏の被官に関することであったため、成之との交渉が必要だったからであろう。

『後法興院記』では、一二月一五日をもって道興に関係する記載は途切れ、次は一四九四年六月八日に兵庫津まで戻ってきていると記されている。この間、道興は何をしていたのだろうか。これに関連して、『御湯殿上日記《おゆどののうえのにっき》』によれば、帰京後の六月一八日、道興は「四国へんとの御ありきの御下かう（向）」をしてきたといって山伏姿で参内したというが、「御ありき」の具体的なことは分からない。

国指定史跡「勝瑞城館跡」
（藍住町教育委員会提供）
道興は、この地に逗留したと思われる。

伝承と児島山伏

記録が途切れている時期に、道興は伊予・土佐・豊前に赴いたとされている。伊予では一四九四年一月に四国霊場四十三番札所明石寺を、土佐では同月に四国霊場三十八番札所金剛福寺を、豊前では同年三月に山岳霊場である求菩提《くぼて》山を訪れたという。しかし、関係史料等からは、事実として肯定するには躊躇せざるをえない。一方で、道興の伝承は、実際に逗留した勝瑞を含む阿波や、四国への上陸地である讃岐では知られておらず、四国西南部と九州東北部に限定されることが興味深い。

一五世紀における道興の下向は、児島新熊野においても、近世にまとめられた縁起に関係文書とともに記された重要な歴史であった。また、愛媛県歴史文化博物館特別展図録『明石寺と四国遍路』に掲載された服部光真氏の論文によれば、一五世紀以降、明石寺は児島山伏の修行地であり、その経緯と道興伝承が結び付いて、近世における由緒として重視されたという。

以上を踏まえると、道興伝承は、近世に至って児島山伏と関係の深い明石寺にもたらされたのではないだろうか。それがさらに複数の霊場で共有されたのだろうが、すべて児島山伏によるものかどうかは分からず、さらに検討が必要である。

第51話　善通寺伽藍図にみえる結界意識

守田逸人

「善通寺伽藍図」について

八十八ヶ所に及ぶ札所寺院のなかでもとりわけ弘法大師伝承の濃密な善通寺、善通寺周辺地域では四国遍路八十八ヶ所が定着するよりも遙かに遡る時代から様々な伝承・逸話の類が地域に遺されてきた。ここでは筆者が善通寺宝物館にて行った史料調査のなかで注目した一枚の絵図（写真）を紹介し、そこに含み込まれた謎について考えてみたい。

現在善通寺宝物館の所蔵にかかる絵図は築地《ついじ》のなかに伽藍を構成する堂塔等が描かれ、所々で「大破」という表記が伴っている。また、築地の外には「遊墳」とされる笠塔婆《かさとうば》状の構造物が描かれている。

具体的な書誌情報については別の機会に詳述するが、絵図の裏書は興味深い。裏書には絵図の伝来に関する由緒が記されており、それによると絵図は善通寺の僧侶が一六六六年（寛文六）に

「瞬目《めひき》の御影《みえい》」、すなわち善通寺御影（弘法大師像）の天覧のために京都に赴いた折、時の善通寺住持光胤《こういん》が朝廷から賜ったという。別の由緒書によると絵図はそれ以前に善通寺が伽藍大破の修造を朝廷に訴え出た際に進上したもので、それが一六六六年の善通寺御影天覧の折に善通寺に返却されたという。絵図がいつ朝廷に進上されたものか、具体的な時期は不明であるが、筆致のあり方等からみて中世にまで遡る可能性が高い。

「遊墳」と仙遊寺・犬塚

絵図の伝来に関する具体的な経緯の追求はひとまず擱くとして、中世に遡ると考えられる絵図で注目したいのは、伽藍・築地の外に「遊墳」という表記とともに描かれた笠塔婆状の構造物である。これは

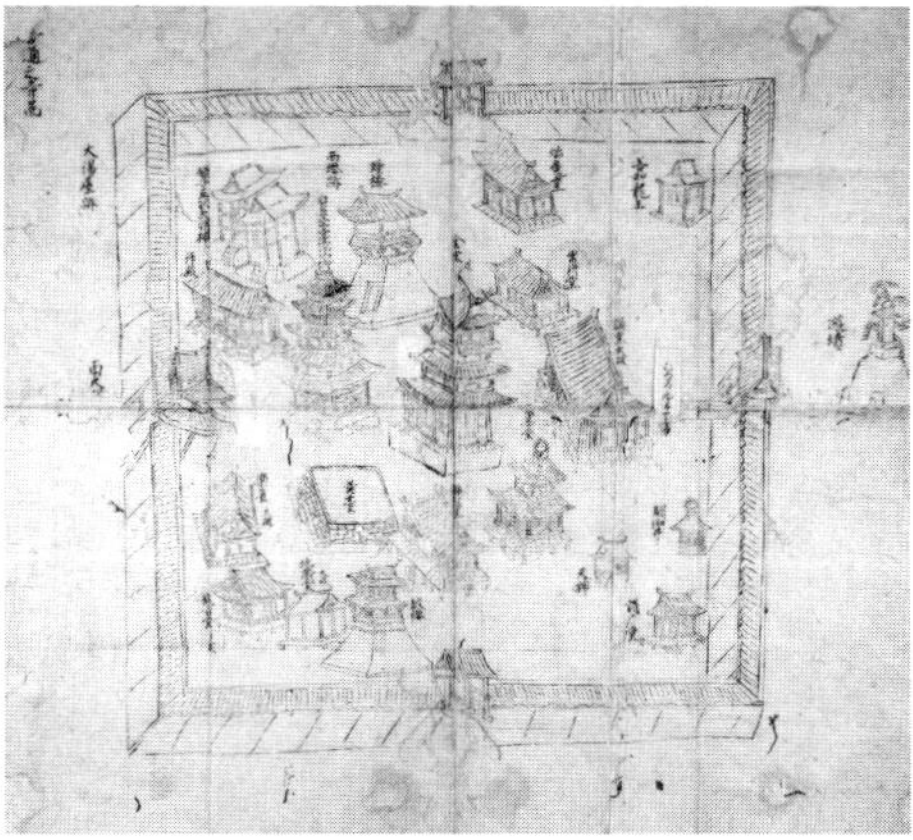

善通寺伽藍図（善通寺蔵）

一体何を描いたのであろうか。

善通寺・曼荼羅寺の田畠等の所在地を記録した一一四五年（久安元）一二月作成の讃岐国善通・曼荼羅寺寺領注進状（宮内庁書陵部所蔵文書、『平安遺文』二五六九号）によると、多度郡条里三条八里十八坪（条里区画の一坪は、約一〇九メートル四方）の位置に「大師遊墓」との表記がある。ちなみにこの地点は中世を通じた善通寺領の北限であり、他領との境界地点にあたることに留意したい。

条里復元研究の成果から、現在その位置に相当する場所は仙遊寺（善通寺市仙遊町一—一〇—二）付近一帯であることがほぼ確定できる。仙遊寺とは弘法大師が幼少期に泥土で仏を作ったという弘法大師伝承が現在まで色濃く残る地点である。そして仙遊寺から南西方向五〇～六〇メートル程の地点には、犬塚と呼ばれる笠塔婆の石塔がある（善通寺市仙遊町一—九）。この石塔は一見して絵図に描かれた「遊墳」とされる笠塔婆の構造物とよく似ている。この犬塚は明治期に付近一帯が陸軍練兵場となった頃に一度移転されたとの後世の情報もある。

絵図に描かれた「遊墳」は、名称のうえでは平安末期には現仙遊寺に位置して存在した中世善通寺領の境界ポイントとなる「大師遊墓」との関連を想起させる。一方、絵図に描かれた絵画表現のうえでは犬塚との関連を想起させる。あるいは両者はもともと同じものを指すのであろうか。

善通寺の結界意識

改めて絵図に描かれた「遊墳」は何を意味するのか考えたい。絵図表面には「善通之寺図」との絵図作成当初の筆致による表記がある。既述の通り絵図は善通寺が伽藍の存亡状況を訴えて朝廷の保護を得るために作図したものと考えられ、境界地点の「遊墳」は、築地内の堂舎とともに善通寺と一体であり、すなわち善通寺内であることを強く示している。

中世という時代には領域支配をめぐる紛争が頻発した。領域画定の際には山の尾根線や河川等分かりやすい自然地形の区切れを境界としたことが多い一方、目印に乏しい平坦な地域が境界点になることもあった。そうしたケースでは、巨石や石塔、土中に打った木杭等が「牓示《ぼうじ》」と呼ばれ、境界ランドマークとして設定されることが多かった。また四隅ではなくとも境界紛争が頻発する地点、あるいは争点となりそうな地点には「脇牓示」と呼ばれる特別なランドマークが設定されることもあった。

犬塚あるいは仙遊寺は脇牓示に類するランドマークであろうか。当該地域に弘法太師伝承が強く植え付けられたのも、この地が善通寺領の境界地点であることと密接な関係があるかもしれない。当該地点付近には出水《ですい》と呼ばれる湧水池点が三箇所もあること等も、この問題と関わっているかもしれない。考えるべき点は多い。

　善通寺そのものはもちろん、中世以来の讃岐地域の歴史を物語る善通寺所蔵の古文書は二〇〇六年（平成一八）以降香川県立ミュージアムや愛媛大学四国遍路・世界の巡礼研究センターによる包括的な調査が進められ、膨大な数に上るその全体像がようやく詳らかになってきた。こうした史料についてさらに今後丁寧に分析を加えることにより、上記のような過去の人々の結界意識等、弘法大師ゆかりの地に生きた人々の「心性」についても光を充てていくことが可能になるように思う。

第52話　六十六部と四国遍路

小嶋博巳

六十六部という巡礼

四国八十八ヶ所の遍路は、総長一四〇〇キロに及ぶ巡礼路をたどる長大な巡礼である。今日のいわゆる歩き遍路はおよそ四〇日かかるといわれ、江戸時代前期には一〇〇日を要したとされる。しかし、じつは日本にはこれをおおきく上回る規模の巡礼が別にあった。六十六部《ろくじゅうろくぶ》、別名を日《に》本廻国《ほんかいこく》と呼ぶ巡礼である。しかもこの巡礼は、四国遍路とも関わるところが小さくなかったと思われるのである。

平安時代から江戸時代まで、日本は六十六か国と表現されていた。この〝国〟は伊予・讃岐、あるいは山城・武蔵などというそれである。六十六部は、その六十六の国すべてに法華経を奉納するという趣旨の巡礼、つまり北は陸奥・出羽から南は薩摩・大隅まで、当時の認識における日本中をめぐる巡礼なのである。確実なところでは一三世紀半ばの史料が残されており、遅くとも鎌倉時代中期にはこの巡礼が行われていたことがわかる。その後、江戸時代まで続いたが、明治以降は、六部《ろくぶ》と呼ばれる一部の職業的な巡礼者を除き、廃絶した。六部の姿が見られたのも、大正か昭和のごく初年までのことである。

この巡礼の歴史は完全に明らかになっているわけではないが、鎌倉から安土桃山時代までの六十六部と、江戸時代中期以降のそれのあいだには、かなり大きな違いがあるとみられる。安土桃山時代までは、六十六部の実践者は聖《ひじり》と呼ばれるような修行僧たちで、檀那《だんな》の依頼を受け、書写した法華経を一部ずつ、六十六国それぞれのしかるべき寺社に奉納して歩いた。文字どおり、六十六部である。一六世紀の六十六部聖が納経に用いた銅製の経筒《きょうづつ》が、三〇〇以上発見されている。

ところが江戸時代も中期になると、一般の民衆がこの巡礼に参加するようになる。背景には生産力の向上と、交通事情の飛躍的な改善があった。それと並行するように巡礼の内実にも変化が生じ、写経を納めることなく、単に六十六部として寺社に参ることをもって「納経」と称するようになった。また、国ごとに一か所ではなく、数年がかりで全国数百か所以上もの寺社に「納経」するのが通例となった。このことは、現存する六十六部の納経帳によってよくわかる。

廻国供養塔

江戸中期以降の六十六部では、巡礼が成就した場合に供養塔を建てることもひろく行われるようになった。廻国供養塔とか廻国塔と呼ぶもので、「奉納大乗妙典六十六部供養塔」「奉納大乗妙典日本廻国供養」などを定形の銘文とする。大乗妙典は法華経の意である。なかには巡礼の途中で何らかの機縁が生じて他国で建てることもあり、また旅先で不幸にも行き倒れた者のために建てることや、巡礼者に宿や物品を提供した施行《せぎょう》の供養塔として造立することもあった。そして驚くべきことに、江戸中・後期の一六〇〇～一七〇〇年間に、こうした廻国供養塔が数万基は建てられていたとみられるのである。現在、筆者のもとには全国の一万基余りの情報があるが、調査の進展状況などから、これは実在するものの数分の一程度と考えられ、数万基は根拠の無い数字ではない。

廻国供養塔に刻まれた六十六部
（松江市西忌部町、享保 17 年（1732）銘）

六十六部の完遂には通常、数年かかる。農閑期を利用できる四国遍路や西国巡礼、伊勢参りなどと異なり、その間、家業を中断ないし放棄しなければならないから、非常に高コストの巡礼である。しかしそれにもかかわらず、想像をはるかに超える人びとがこの巡礼に身を投じていたことを、全国に残る膨大な数の廻国供養塔は教えてくれているのである。

六十六部と四国遍路

では、この六十六部と四国遍路にはどのような接点があるのか。

江戸時代の六十六部の納経帳をみると、彼らは四国に入ると八十八ヶ所を巡っていることは珍しくない。その過程で、両者間に種々の交渉があったことは容易に想像される。たとえば納経帳を携えるという慣行は、本来、経を納めるという趣旨をもたなかった四国遍路や西国巡礼にはなかったことで、六十六部からの影響にほかならない。八十八ヶ所には境内に廻国供養塔が立つ寺院も多い。しかし、両者の本当の関係はさらに深いところにあったと思われる。

じつは六十六部の納経所つまり巡礼地は、八十八ヶ所のように厳密に固定していたわけではなく、実践者の任意の選択が許されるところがあり、江戸中期以降には多くの寺社に拡散してゆく傾向もあった。とはいえ、国ごとに重視され、多数の巡礼者が訪れる寺社があったことも確かで、その大半はすでに鎌倉・室町期からの伝統的な納経所であったことがわかっている。たとえば、山城の石清水八幡宮、相模の鶴岡八幡宮、安房の清澄寺、信濃の善光寺および諏訪明神、丹波の穴太寺、備前の吉備津宮等々はそうした寺社である。四国に関しては鎌倉・室町期の納経所を確定する史料はまだ知られていないが、江戸時代前期の史料や同中期以降の巡礼者の動向からみて、阿波は太龍寺、讃岐は善通寺、伊予は菅生山大宝寺、土佐は五台山竹林寺が古くからの納経所であったことは、ほぼ断定できる。いうまでもなく、これらはのちに四国八十八ヶ所を構成することになる重要な寺院である。さらに、江戸時代には各国の一宮・国分寺も納経対象として強調されるようになるが、四国の一宮・国分寺はいずれも八十八ヶ所に含まれていた（神仏分離後、一宮は関係の深い寺院に札所を移している）。確かな経緯はまだ明らかではないものの、八十八ヶ所の選定の前提に六十六部の納経所があった可能性は考えてみる必要がある。

他にも、六十六部には、頼朝房《らいちょうぼう》という聖が六十六部納経を果たして源頼朝に転生したという縁起があり、これなどは四国遍路に関するよく知られた伝承、衛門三郎が弘法大師の跡を追って四国をめぐり、伊予の守護、河野家に再誕したという話を想起させる。まだ筋道は明瞭には見えないながらも、ここにも両者を繋ぐ糸があるように思われるのである。

第53話　オダマキと呼子鳥　――室町期における『狭衣』受容の一節――

西　耕生

豊原統秋と三条西実隆

楽書『體源抄《たいげんしょう》』の撰述で知られる豊原統秋《むねあき》（一四五〇年生）は、室町期を代表する楽人である。一五歳過ぎから『源氏物語』など書き写し「腰折れ歌よみ」始めた彼は、四五歳ごろ、五歳年下の三条西実隆《さねたか》に師事し和歌を学んだ。実隆は『伊勢物語』『土佐日記』の写本や『源氏物語』の書写校合により青表紙証本《あおひょうししょうほん》を遺すなど、古典研究に尽力した当代随一の歌人・学者であった。実隆自撰の日次《ひなみ》詠草集『再昌草《さいしょうそう》』には、統秋との師弟関係にまつわる詠作も収められている。

一五二四年（大永四）正月八日、七〇歳になる実隆が統秋の書き初めの十首に合点《がってん》（佳作の印）を附しつつ添えた和歌がある。「雲の上にふりにし道を笛竹の聞こえあげける名こそ高けれ」――楽道師範を拝命し前年末には後柏原天皇に笙《しょう》の灌頂《かんちょう》伝授をして「老の効《おいのかひ》」に喜んだ統秋へその返歌として実隆は、古来宮中（雲の上）に仕え伝えてきた楽道（笛竹）の名声をとりあげ、その栄誉を称揚している。

が、同年八月二〇日、統秋は七五歳で亡くなる。「二七日《ふたなぬか》」にあたる九月三日、故人を偲《しの》び実隆は「妙法蓮華経《めうほうれむけきやう》」のかな十文字を歌頭に置いた哀悼歌十首を詠んだ。その第三首は以下のごとくである。「法花経に契結《むす》べる効《かひ》ありて必《かなら》ず長《なが》き闇を越《こゆ》らん」〝法華経に結縁《けちえん》した信仰の効験《こうけん》あって、きっと無明長夜の迷いを脱し悟りを得ていよう〟――『體源抄』各巻の奥にも「南無妙法蓮華経」と記すほど、統秋は熱烈な日蓮宗信者であった。

オダマキを詠んだ統秋の歌

さて、「歌道が、楽・仏の道と一如の実践である」（伊藤敬『室町時代和歌史論』新典社研究叢書175）統秋の自撰家集『松下抄《しょうかしょう》』に、オダマキという木を詠みこんだ歌が二首見える。

その第一、ⓐ「谷ふかみ寂《さび》しくも有《ある》かよぶこ鳥たつをだまきも霞こめつゝ」〝谷が深いので（なんと）寂しいことか?!、呼子鳥《よぶこどり》よ、（聳《そび》え）立つオダマキも霞が立ちこめ続け（見えない）〟――歌題「谷中喚子鳥」に即して春愁を詠むべく、上句下句それぞれの始めに配された「谷深み」及び「立つをだまき(も)」からこの一首が、平安後期の物語『狭衣《さごろも》』作中歌の本歌取りであることがわかる。

聳え立つオダマキは、『狭衣』の主人公にとって求法《ぐほう》の象徴であるとともに、朽ちやまぬ煩悩の表象でもあった。「谷深《たにふか》ミ立《た》つおだまきハ我《われ》なれや思ふ心《こゝろ》の朽《く》ちで止《や》ミぬる」（伝慈鎮《じちん》筆本『狭衣』巻三）――恋煩いする「我」を、深い谷底より生い立つオダマキに擬《なぞら》える狭衣大将。その孤愁を、統秋は、係助詞「も」を用いて一層研ぎ澄ませようとする。狭衣大将が見立てたあのオダマキ「も」立ちこめる霞で見えず、だからこそ谷中に響く呼子鳥の声が寂しさを一入《ひとしお》身体に滲《し》み（凍み）透らせる、と詠みなしたのである。

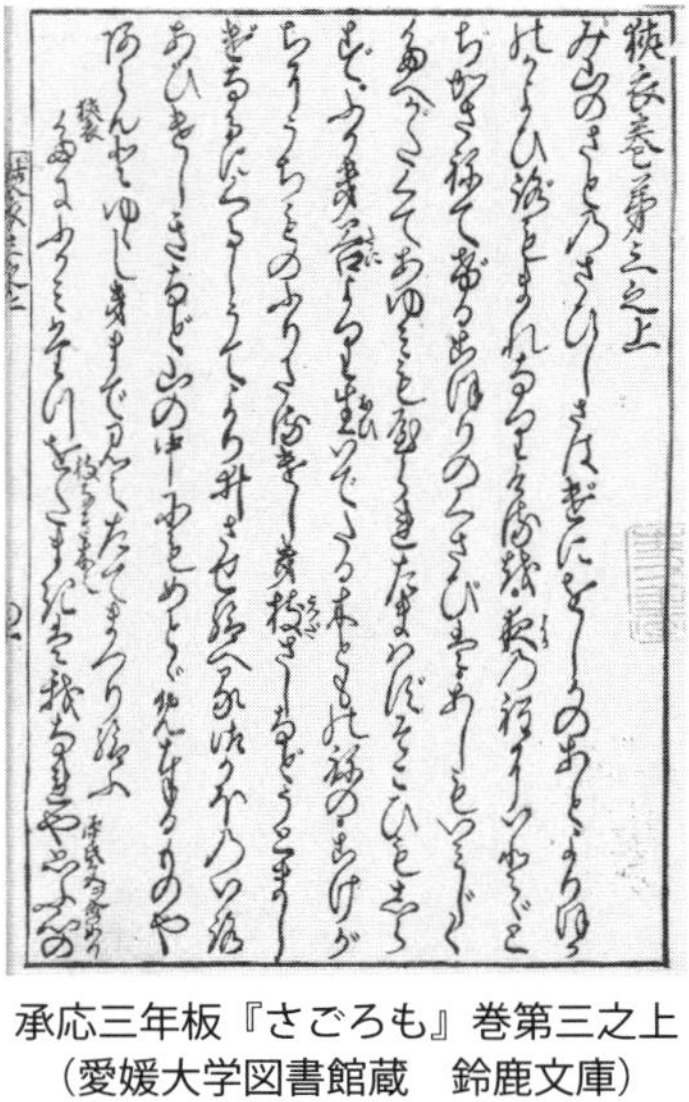

承応三年板『さごろも』巻第三之上
（愛媛大学図書館蔵　鈴鹿文庫）

その第二、深山の庵で夕霧の立ちこめる秋空に臨んだ一首も、同工同趣であろう。ⓑ「誰《たれ》か来《こ》ん立《た》つおだまきも色消《き》ゆるみ山の庵の夕霧の空」〝（一体ここに）誰が来よう?!（聳え）立つオダマキもその気配が消える深山の庵（を、やがてそこで独り眺める）夕霧の立ちこめる空（よ）!〟

『狭衣』を踏まえた実隆の歌

和歌の師である実隆にも、『狭衣』のオダマキを踏まえた作がある。歌題「谷鹿」に即して詠んだ「谷の戸は道《みち》も続《つゞ》かで狭牡鹿《さをしか》の立《た》つをだまきの陰ぞ寂《さび》しき」（『雪玉集《せつぎょくしゅう》』）がそれである。オダマキをとりまく〈谷の戸 ‐ 狭牡鹿 ‐ 寂し〉にも、周到な作意がこもる。実隆は、「深山里《ミやまさと》の寂《さび》しさは、げに狭牡鹿《さをしか》の跡《あと》よりほかの通《かよ》ひ路《ぢ》無《な》かりければ、いとゞ夜《よ》のほどに閉《と》ぢ重《かさ》ねたる氷《こほり》の楔《くさび》は、踏《ふ》み砕《くだ》かる、足《あし》もいみじく耐《た》え難《がた》くて……」（伝慈鎮筆本）と始まる『狭衣』巻三発端の要語を採り集め、『千載《せんざい》和歌集』秋歌下に収める惟宗広言《これむねひろとき》の詠作「寂しさを何に喩《たと》へん牡鹿鳴くみ山の里の明け方の空」〝（一体この）寂しさを何に喩えよう?! 牡鹿が（牝鹿の妻を求めて悲しげに）鳴く深山の里の、明け方の空（の眺めよ）！〟などを先例としつつ、冬景色に作中人物の心情を重ね描きする物語の情景を一首の和歌に凝縮して見せたのであった。

深心をうながす呼子鳥

『狭衣』の世界を巧みに結晶化した師に対し、統秋も相応に趣向を凝らしている。

前後するけれど、第二首ⓑのほうから見よう。統秋が「誰か来ん……深山の庵の夕霧の空」と詠んだオダマキの歌も、実隆とおなじく、やはり惟宗広言の詠作を踏まえている。というよりむしろ、広言の詠みぶりに別途、あらたに応じようとした趣向を見とめてよいのであろう。「寂しさを何に喩へん……深山の里の明け方の空」と反語的に詠嘆した広言の歌の結構を活用しながら、深山に聞こえる鹿鳴が催す寂寥の極致として、「明け方」でなく、「夕霧」立ちこめる「空」を配したのである。聳え「立つおだまきも色消ゆる深山」の様子が、染み（凍み）わたる冷たい白さを一層際立たせている。

翻って第一首ⓐにおいては、呼子鳥との取合せが眼目である。その実体は不明ながらこの鳥は、『古今和歌集』春歌上の「遠近《をちこち》のたづき（方便）も知らぬ山中におぼつかなくも呼子鳥かな」に拠り、「山中に」鳴くことから人知れず苦悩する恋を詠むほか、釈教歌にも詠みこまれた。特に注目すべきは、「呼子鳥《よぶこどり》うき世《よ》の人を誘《さそ》ひ出《い》でよ入於深山思惟仏道《にふおしんざんしゆいぶつだう》」（藤原良経『秋篠月清集《あきしのげつせいしゅう》』釈教部）――下句に『法華経』序品の経文を据えた作例の存在である。呼子鳥の声が、恋の切実のみならず、仏道帰依の契機としても認識されている。

ここに、呼子鳥をオダマキに取り合わせた統秋の深意も理会されよう。凍え立つオダマキの孤絶に観じ「思ふ心の朽ちで（朽チナイデ）」止《や》んでしまう行く末を憂えた狭衣大将の胸中に分け入って、あらたに呼子鳥に問いかける春歌に仕立てたのである。統秋には、「晴《は》れず思ふ心の闇《やみ》の呼子《よぶこ》鳥昼《ひる》も霞のうちに鳴《なく》なり」（『松下抄《しょうかしょう》』）といった作もある。「心の闇」とは煩悩に迷う心。〝煩悩即菩提〟――オダマキの歌二首を詠んだ統秋は、あたかも狭衣大将の知音《ちいん》のごとくであった。

第54話　秩父三十四ヶ所観音霊場を歩く

佐藤　守

江戸時代に人気を博した秩父巡礼

秩父地方は、埼玉県の西部に位置しており、四方を千メートル級の山々に囲まれた自然豊かな地域である。東京都心から約一〇〇キロの距離であり、東京から日帰りで行ける観光地としても人気のスポットだ。

この秩父地方には、秩父観音霊場として知られる三十四ヶ所の札所寺院があり、巡礼者はこれらの寺院を時計回りに巡る。この秩父三十四ヶ所を巡る秩父巡礼は、西国三十三ヶ所、坂東三十三ヶ所と合わせて百ヶ寺を巡る「日本百観音霊場」の一つに数えられる。特に江戸時代には距離的にも江戸から近く関所も無いため、多くの庶民によって秩父巡礼が行われ人気を博した。その縁起は、西国二十七番札所・円教寺を開山した性空上人ら十三人の権者《ごんじゃ》が、秩父巡礼をしたことによるといわれている。

秩父のシンボル「武甲山」と秩父巡礼

西武秩父駅に降り立つと、南東方向に聳える大きな山に目がいく。武甲山《ぶこうさん》（標高一三〇四メートル）である。武甲山は、大正時代初期から現在に至るまで、石灰岩の採掘が行われ、山全体が大規模に開発されている。特に山頂付近が大きく削り取られているため、以前の面影を感じ取ることはできない。この様相は市街地からも目にすることができ、異様な風景である。

秩父三十四ヶ所の札所寺院は武甲山麓に多く、巡礼道からも武甲山を眺めることができる。中でも六番札所・卜雲寺（通称・荻ノ堂）の縁起（「荻野堂縁起絵巻」）によれば、本尊の聖観音像は、元々武甲山頂の蔵王権現社にあったもので、後にそれを荻ノ堂に

巡礼道から望める武甲山

移したことが記されており、武甲山信仰と秩父札所の関わりを示している。また秩父巡礼は当地の武士が信仰していた熊野信仰が土壌となっており、武甲山を観音の常住する聖地・補陀落山に見立てたという説もある。

『長享二年秩父札所番付』に見る秩父巡礼

秩父巡礼が記された最も古い史料は、室町時代の一四八八年（長享二）に記された『長享二年秩父札所番付』（三十二番札所・法性寺文書）である。この史料には、札所の順番と秩父巡礼の縁起について記されているが、現在の秩父巡礼と大きく異なる点が二つある。

一つ目は、当時の札所数が三十四ヶ所ではなく、西国や坂東と同じ三十三ヶ所であった点である。

そして二つ目は、現在の札所と順番が違う点が挙げられる。当時の一番札所は、秩父盆地の中心にある定林寺《じょうりんじ》（現十七番札所）が一番札所として記されている。しかし、現在の一番札所は、秩父盆地の北東端にある四萬部寺《しまぶじ》（『長享番付』では二十四番札所と記載）となっている。一番札所・四萬部寺は、江戸から秩父巡礼にやって来る際に、地理的に最も江戸に近く、最初に通る札所である。このことは、江戸からの巡礼者の増加により江戸時代になってから札所の順番が変更された事を物語っている。これは四国遍路における一番札所・霊山寺が、巡礼者の多い畿内に最も近い所に位置している点と類似の事例かもしれない。

現代の徒歩による秩父巡礼と江戸時代の道標

秩父巡礼は、一番札所から三十四番札所までを巡ると、およそ一〇〇キロの距離である。自動車や公共交通機関を利用しての巡礼も可能であるが、もちろん往時に思いを馳せながら徒歩での巡礼も可能だ。秩父市がインターネット上で公開している「ちちぶおもてなしマップ 江戸巡礼古道編」というガイドマップには、江戸時代の巡礼古道を八日間かけて巡礼するルートが示されている。実際に私も歩いてみたところ、自治体や秩父札所連合会が設置した道標《みちしるべ》や案内板が至る所にあり、徒歩による巡礼でもほとんど迷うことはなく、よく整備されている印象であった。

徒歩による巡礼の中でも特に目立ったのが、江戸時代の道標であった。その数は、『歴史の道調査報告書第十五集・秩父巡礼道』(埼玉県教育委員会編、一九九二)によると、銘文のあるもので七六ヶ所に及び、元禄年間~宝永年間(一六八八~一七一一)に建てられたものが多いことが特徴であるという。中でも「心求・はま」との記載のあるものが多く、前述の『秩父巡礼道』によると「心求」とは、相模国三浦郡小坪《こつぼ》村(現・神奈川県逗子市)出身の髙橋喜兵衛の法名で、「はま」はその家族ではないかとしている。この「心求・はま」の道標は、至る所で目にすることができ、現代においても道標の機能を有しているのではないだろうか。

再生の場所「秩父」

簡単ではあるが、秩父巡礼について紹介した。最後に私事で恐縮ではあるが、体調を崩し勤め先を休職することになったことが、秩父巡礼を歩くきっかけとなった。その道は険しく、累積標高は約三〇〇〇メートルに達した。その巡礼道を自分と向き合いながら夢中で歩く中で、体調も回復し、最終的には復職することができた。秩父巡礼に限らず、巡礼には宗教的な修行という側面もあるが、現代社会において自分を見つめ直すきっかけになる場であることも再認識した。

第55話　四国遍路の二つの本尊

大石雅章

時代とともに変化する四国遍路

四国遍路は時代とともに変化してきた。その中でも一六・一七世紀頃に大きな変化が見られる。古代・中世の四国辺路は僧侶が自らの宗教的能力を高めるための修行であり、近世以降の四国遍路は一般民衆が功徳のために時には物見遊山的目的も兼ねて札所寺院を廻る巡礼である。現在は弘法大師ゆかりの霊場札所寺院を廻るという大師信仰に基ずく巡礼となっているが、古代・中世では真言僧をはじめ天台僧・修験者・六十六部聖・念仏聖など多彩な僧が四国で修行し、彼等によって弘法大師信仰・熊野信仰・蔵王権現信仰・観音補陀落《ふだらく》信仰などの信仰が形成され、複数の信仰が重なる霊場も誕生した。このような古代・中世の様々な信仰から近世の弘法大師信仰へといかに収斂され一元化されていくのか、その過程についてはまだまだ解明されてはいない。ここでは近世の四国遍路の功徳である弘法大師の救済の特徴から検討したい。

四国遍路の本尊弘法大師

第五番札所地蔵寺には近世前期の境内周辺絵図を記した文書がある。一七六七年（明和四）の絵図ではそれまで記載されていた御影《みえい》堂が消滅し、現在の大師堂の場所に「八拾八ヶ所堂」が新たに建立された。弘法大師を祀る御影堂から八十八ヶ所堂への変化は、真言宗祖師である弘法大師が八十八ヶ所堂の本尊つまり四国遍路の本尊になったことを示している。この時期にはまだ大師堂のない札所寺院もあり、本堂と大師堂が揃うのは一九世紀のことである。本堂の本尊に四国遍路の本尊弘法大師が加わるところに近世四国遍路の特徴がある。

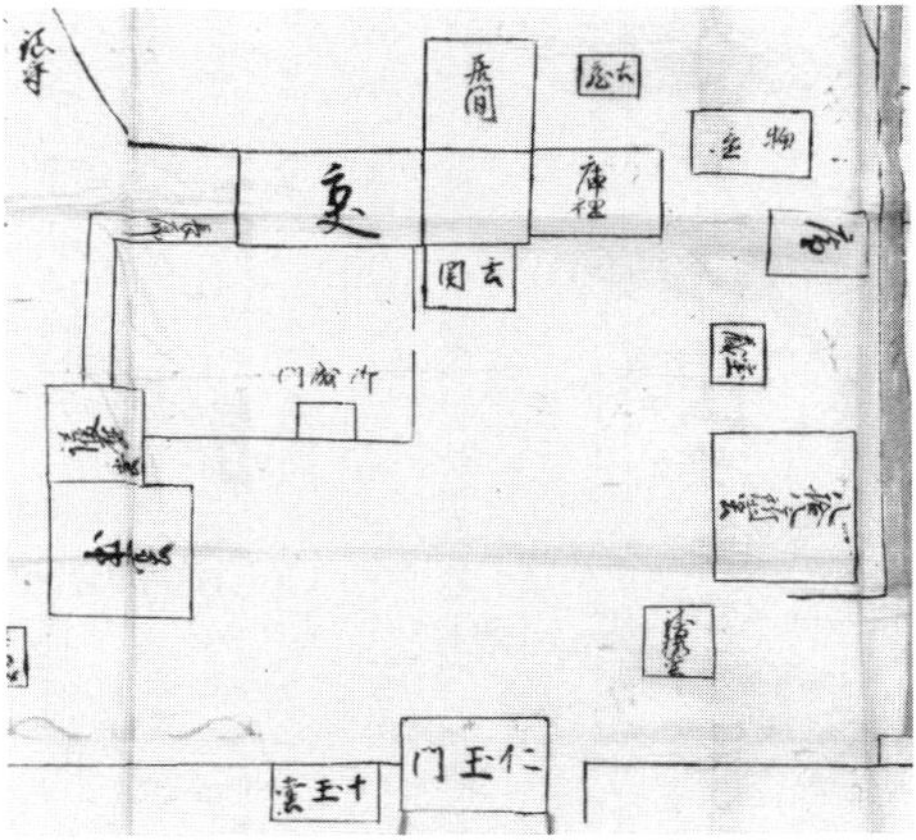

1767 年（明和 4）
第五番札所地蔵寺絵図に描かれた八十八ヶ所堂

弘法大師の救済の特徴

四国遍路の功徳に関する霊験譚をまとめた一六九〇年（元禄三）の真念著『四国偏礼功徳記《しこくへんろくどくき》』に現れる四国遍路の功徳についてみておきたい。四国遍路の開創伝説となっている右衛門三郎伝説を扱った第二四話では、右衛門三郎は遍路僧の托鉢の鉢を割ったことにより八人の子を失い、その後発心して四国遍路を巡り続け死に目に第十二番札所焼山寺山麓で弘法大師に逢い「郡司河野氏」の子に生まれ変わりたいという願望を叶えてもらうということになっている。この話には遍路者の支援を拒否すれば仏罰を蒙り、遍路を行えば罪が消え弘法大師の救済を得るという四国遍路の功徳が示されている。とくに遍路者を蔑ろに扱えば仏罰の対象となることは四国遍路においてお接待が重視される要因となったであろう。

この『四国偏礼功徳記』に表れる四国遍路の功徳の特徴の一つは、泉州住人の癩病者が僧雲海に同道して四国遍路を巡ったところ一四、五日で治癒の験《しるし》があって回復したことを「大師の神化」とする話（第一三話）のように、四国遍路の功徳が弘法大師の救済として現れる点である。第二の特徴は、土州今在家の大火災において遍路人に宿を提供していた家のみが「大師の御まもり」によって消失を免れた話（第六話）のように、お接待が弘法大師救済の善根とみなされている点である。さらに第三の特徴は、心がすずろで定まらない僧雲識（備後に住む）が夢に現れた僧の「汝四国遍礼すべし」というお告げに従って遍路に出かけ、讃州白峯まで来たところで本心を取り戻した話（第七話）のように、弘法大師が救済を必要とする者の前に現れ働きかける能動的な救済であるという点である。それは四国を超えて他国にも及び、四国遍路へと導いている。

鎮座する静的な本尊と移動する能動的な本尊

四国遍路には札所寺院の本尊と四国遍路共通の本尊弘法大師の二つの本尊が存在する。札所寺院の本堂に鎮座する仏は参拝者の願いを聞き救済する一般的な本尊であるが、四国遍路の本尊として編み出された弘法大師は、大干ばつにおいて子どもに与える貴重な水を提供された僧が加持祈禱によって川を生み出し母川となった話（第四話）のように現地に赴き積極的に民衆を救済する能動的な本尊である。

このような四国遍路の本尊弘法大師が誕生する背景には、仏教典籍によって規定された厳格な仏と異なってもとは僧侶という身近な存在であり、近世民衆の現世利益的な様々な願いを託すに相応しい仏とみなされたからであろう。とりわけ近世初頭における真念等の民衆と接する聖によって四国遍路関係の書物が上方大坂の本屋から出版され世に広く発信されたことは、弘法大師信仰に基づく四国遍路が広く定着する上で大きな役割を果たしたであろう。

第56話　禅僧卍元、弘法大師の足跡を訪ねる

――『丈六寺日鑑』を読む――

須藤茂樹

阿波曹洞宗の古刹丈六寺

徳島県徳島市丈六町丈領《じょうりょう》に位置する瑞麟山慈雲院丈六寺《ずいりんざんじうんいんじょうろくじ》は、阿波守護細川家、徳島藩主蜂須賀家の保護を受けた曹洞宗の古刹である。伝承では、白雉期に天真正覚尼により創建され、その後行基が丈六の聖観音像を刻んで安置したことから丈六寺の寺名が付いたという。

一四九三年（明応元）、阿波守護職細川成之《しげゆき》により、荒廃していた当寺を桂林寺（小松島市）に居た高僧金岡用兼《きんこうようけん》を招いて開山として再興された。一五八五年（天正一三）、阿波の領主となった蜂須賀家政《いえまさ》も寺領二〇〇石を安堵した。

現在残る建造物は、三門（室町時代後期）、本堂（元方丈　寛永年間）、観音堂（江戸時代前期）、

経蔵《きょうぞう》（室町時代後期　以上国指定重要文化財）、徳雲院《とくうんいん》（室町時代後期　徳島県指定文化財）と細川・蜂須賀両氏の再建によるもので、一九五九年（昭和三四）には丈六寺の境内地六六六五坪が県指定史跡になっている。また、「細川成之画像」（重要文化財）など多くの文化財が所蔵されている。

卍元の空海の足跡をたどる旅

丈六寺には、『丈六寺日鑑《にっかん》』と呼ばれている古記録が数十冊残されており、現在学生たちと調査、解読を行っているところである。何人かの学生が卒業論文の題材として取り組んでおり、本小文もその成果の一部を利用している。

『丈六寺日鑑』と呼称しているが、表題はいくつかあり、『禅余漫録《ぜんよまんろく》』が一番多い。「禅余」は仏道修行や習禅の余暇、「漫録」は筆のおもむくままに書くという意味である。

『禅余漫録巻廿一』は、一七四二年（寛保二）の三月一四日から九月一四日までの半年間が記され、前半が卍元《まんげん》

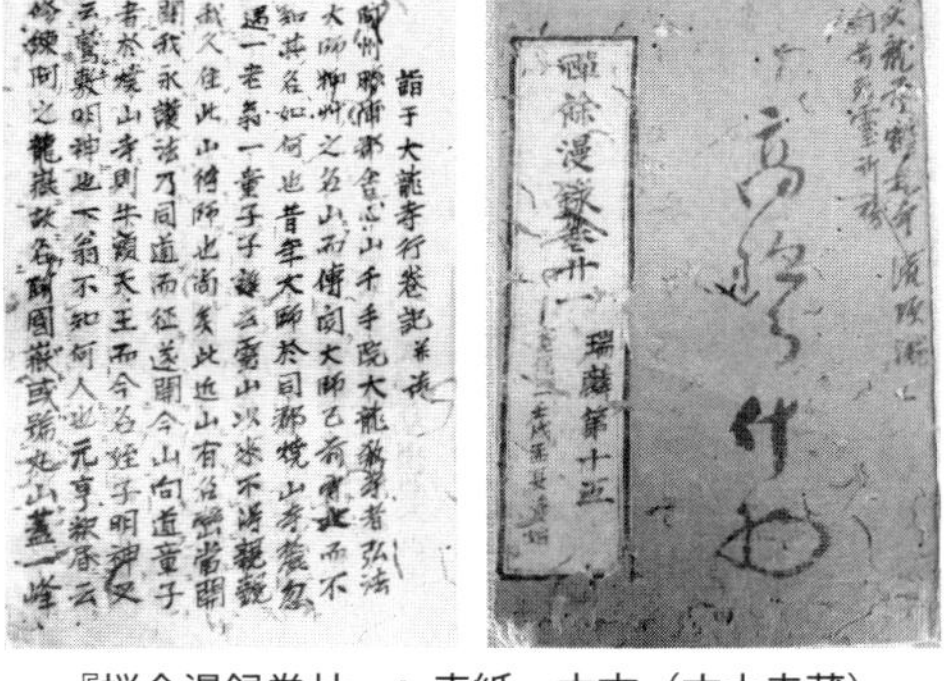

『禅余漫録巻廿一』表紙・本文（丈六寺蔵）

の弘法大師遺跡巡礼記になっている。住職卍元は、曹洞宗の僧侶である。それにもかかわらず、太龍寺や鶴林寺など弘法大師ゆかりの地を巡っている。同書には、道中の出来事や訪れた寺院の歴史、宝物などについて具体的に記されていて、近世僧侶の旅日記として興味深い。

卍元が訪れた寺院は、第二十一番札所舎身山太龍寺（阿南市加茂町）、第二十番札所鶴林寺（勝浦郡勝浦町）、第二十番札所奥の院慈眼寺（勝浦郡上勝町）で、灌頂瀧と慈眼寺の裏にある洞窟にも行っている。卍元は阿波国に三〇年住んでおり、長らく弘法大師ゆかりの霊山に登ることを願っていたが、果たせずにいたという。『禅余漫録巻廿一』には、太龍寺、鶴林寺、灌頂瀧、慈眼寺と灌頂嶽・同窟の記録と漢詩をそれぞれ記している。

太龍寺での体験に感激する卍元

一七四二年三月一五日、遂に念願の太龍寺に登ることになる。二天門（仁王門）の前で下馬しなければならないが、風雨が激しかったため許可を得て卍元は駕籠に乗って移動し、子院の成就院に宿をとった。卍元は住僧に面会を求め、贈り物を渡し、僧侶らと膳を共にしている。入浴と食事を済ませ、礼拝して経文を黙読し、弘法大師像の前で晴れを祈っている。

また、住僧に太龍寺に伝来する縁起の拝見を求めている。住僧は、本房に知らせに走ったが、本房の院主は江戸に行っており留守であったため、鑑寺《かんじ》湖岩房が縁起一巻を持って来て、拝覧することになった。この縁起は弘法大師と二代真然僧正の記であると卍元は記している。これを見ると、二代以降、一切法燈や伽藍の変化を記していなかったため、卍元は、「後々の住山の人疎慢なる故、惜しいかな」と記している。

　その後、卍元たちは太龍寺に向かっている。そして、舎心山、不動堂、求聞持法《ぐもんじほう》を修した龍の岩屋山など境内の名所を見て回り、さらに本堂下の道を左に回り、求聞持堂、太龍寺の守護神を祀っている小社などを巡った。これらについて、弘法大師の足跡を交えて見聞の感想を記している。ついで卍元は、弘法大師自筆の紺紙金泥法華経《こんしきんでいほっけきょう》八軸、恵果《けいか》阿闍梨伝法の鈴、錫杖《しゃくじょう》など七種の宝物を拝見している。

　そして最後に、卍元は太龍寺山に登る願いを果たしたことについて、「三十年来の願望感激の至りに堪えず」と喜びを記し、太龍寺を訪れたことを詩にしている。しかし、卍元はこの詩について、伝聞や言い伝えのあらましで詩を作ったが、疎漏の恐れがあるため、後の人に詳しく記してもらいたいと記している。

第57話　村人の祈りと弘法大師信仰　——光明真言百万遍供養塔——

町田　哲

光明真言読誦供養塔とは？

遍路道を歩いていると、石に刻まれた道しるべや丁石《ちょうせき》から、多くの人々が歩き継いできた道の歴史を感じることができる。それと同時に、光明真言読誦供養塔《こうみょうしんごんどくじゅくようとう》の意外な多さに驚かされる。光明真言を百万遍読み唱えたことを記念して立てられたもので、遍路道沿いに限らず、四国各地の集落の大師堂前や道端に立つその石塔を、ふだん目にする方も多いだろう。光明真言百万遍供養塔の多くが一八世紀後半から二〇世紀前半にかけてのものである。

光明真言とは、密教で唱える真言の一つで、「オン　アボキャ　ベイロシャノウ　マカボダラ　マニ　ハンドマ　ジンバラ　ハラバリタヤ　ウン」(大日如来様、その悟りと智慧と慈悲で、我々の進む道を無量の光で遍く照らして下さい、との大意）と祈る言葉で、これを一心に唱えることですべての罪業《ざいごう》や禍《わざわい》をとり除くといわれている。

一人で唱える

では、どうやって光明真言を百万遍も唱えたのだろうか。

まず、一人で唱えた事例である。半田村（現・徳島県美馬郡つるぎ町）の商家堺屋武助は、一七九四年（寛政六）七月から一人で読誦を始め、一八三一年（天保二）三月二一日に成就した。実に三七年を要している。彼は同年七月に「光明真言供養石」を立てた（徳島県立文書館寄託酒井家文書「光明真言御控帳」サカイ01485）。四年後に武助は亡くなったが、家督を継いだ六代目弥蔵―地方文人として知られる（西二〇二二）―も、一八二三年（文政六）七月から一八四四年（弘化元）一二月までの約二〇年間に八七万千二百遍唱え、最終的には七五才の時までに二百万遍を唱え、供養塔を先祖の墓地に立てた（『半田町誌』下、六八二頁）。代々の信仰の篤さに驚かされる。

村ぐるみで唱える

集団で唱える場合も少なくなかった。那賀川中流の花瀬村《はなぜむら》（現・徳島県那賀郡那賀町）は、林業・薪炭業が盛んだった山間の村である。この村では、一七八九年（天明九）正月、集落の大半にあたる一五名が「講中《こうちゅう》」として集まり、村を挙げて光明真言を唱えることとし、一人あたり何回唱えるか割当てを決め、正月一五日より各家で唱えることを開始した。例えば、この村で御《お》林番人《はやしばんにん》を勤めていた露口家（町田哲二〇一三）では、毎日のように唱え、日々の読誦回数を帳面に小まめに記録している（同館寄託露口家文書）。写真は、一七八九年八月分だが、右頁には横三列に、八月二日から二一日にかけて毎日百遍唱えた事を記す。おもしろいのは、左頁の弘法大師の月命日にあたる二一日で、百遍唱えるごとに〇印をつけている点である。まずは一万七千四百遍唱え、それでも足りないと思ったのか、追加で九千六百遍も唱えた。一日で実に二万七千遍にのぼる。露口家は、村の中心的な家であったこともあってか、最終的に一家三人（峯之助と清次郎・繁助の親子）で、合計七九万三千八百遍唱えた。村の各家で朝な夕なに、数珠《じゅず》を繰り数えながら、一心不乱に光明真言を唱える様子が目に浮かんでくる。こうして二年後の一七九一年正月、光明真言を百万遍唱えることが、村の構成員の総意によって成就した。

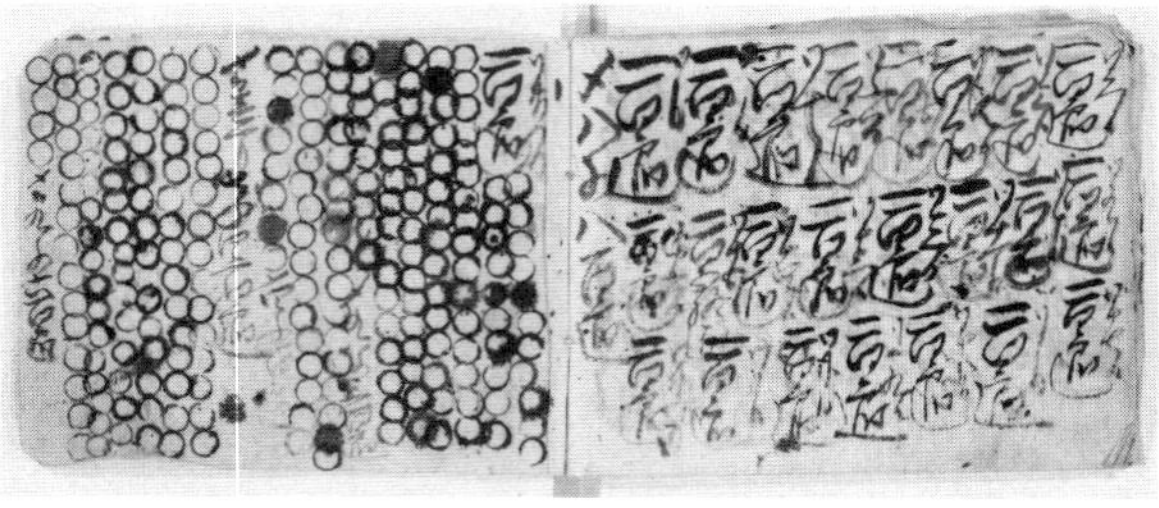

花瀬村の天明９年（1789）「光明真言百万遍内帳」
（徳島県立文書館寄託露口家文書ﾂﾕｸ 00312001）

光明真言と弘法大師信仰

花瀬村の事例で特筆されるのは、百万遍読誦完結を記念して、弘法大師像を安置し、開眼供養《かいげんくよう》した点である。光明真言を唱えることと、弘法大師への信仰とは、深く結びついていたのである。だとすれば、四国各地で、大師堂前に立つ光明真言百万遍供養塔が多いのも、弘法大師に対する信仰が、地域に深く浸透していたことのあらわれといえよう。重本哲也氏の研究（重本二〇〇二）によれば、大師講と光明真言読誦との関係は深く、旧脇町（現・徳島県美馬市）の数ヶ所の集落の大師講では、現在でも大師堂で年に二、三度、光明真言を唱える数珠繰りが続いているという。

江戸時代後期の地域の民衆は、道ゆく遍路を「同行二人《どうぎょうににん》」として弘法大師と共に修行する存在とみなしていた。ある時は托鉢に応じ、ある時は接待するなどして、自ら善行を積み仏との結縁を願っていた。そうした民衆の行為の背後には、弘法大師に対する信仰が深く浸透し根付いていたことを、光明真言百万遍供養塔は今に伝えてくれている。

付記　本稿は、『徳島新聞』（朝刊）二〇一三年一〇月一〇日文化面掲載の拙稿を、加筆修正したものである。

第58話　阿波國分寺の「家根板」

岡本佑弥

「家根板」の発見

二〇二〇年（令和二）一二月、第十五番札所國分寺（徳島市国府町《こくふ》）の本堂保存修理工事が完了した。隣接する国名勝「阿波国分寺庭園」から、修理を終えた本堂を眺めた景観は格別見事なものである。

今回紹介する「家根板《やねいた》」は保存修理工事によって本堂の屋根瓦の下から約二一〇年ぶりに発見された歴史資料である。

「家根板」には土居葺《どいぶ》き板が使用されており、これらは一般的に枌板《そぎいた》とも呼ばれる。板はすべて杉材であり、一枚の平均的な大きさは縦（長さ）が約三七センチ、横（幅）が約六センチ、厚さが一～三センチほどとなる（『名勝阿波国分寺庭園保存整備事業―本堂（瑠璃殿）修理工事―報告書』）。

瓦葺きの建物には、瓦の下地として、このような板が使用される。國分寺本堂の枌板の場合、特筆されるのは、墨書銘《ぼくしょめい》があるものが数多く含まれることである。四国八十八ヶ所霊場では初めて報告される事例となる。

徳島市教育委員会では撤去した全ての枌板について、簡易クリーニングを行い、墨書銘の有無の分別、仮分類などを行った。そこでは総数約一一万枚もの枌板が認められた。そのうち図のように墨書銘があるものは約三万一〇〇〇枚あり、全体の約三割を占める。

本稿では墨書銘のある枌板を、一部の墨書銘にみられる標記を採って、「家根板」と呼称する。

主な墨書銘

「家根板」にどのような墨書銘が記されるのかを知ることとは、本資料の作成理由を解明することにつながる。主な墨書銘を紹介すれば、まず多数を占めるのが、「為先祖代々菩提」と記されたものである。一枚の「家根板」に故人や施主などの名は記されず、ただ「為先祖代々菩提」と記されたものが多い。

その一方で全体数に比べると少なくはなるが、「阿州」などの旧国・郡・村名および施主の名が記されたものも存在する。瞥見の限りでは、四国内のみならず関東・中国・九州地方などの旧国名が確認される。このことは、阿波国内とともに他国からも「家根板」を納める人々が存在したことを示す。その中には遍路する人々も含まれる。「家根板」の中には「奉納四国八拾八ヶ所遍路同行弐人」と記されるものも複数ある。これらは納め札として國分寺に奉納されたのであろう。

そのほかにも武士や僧侶と思しき人物画や花鳥図、男性器・女性器が描かれたものなど多種多様な「家根板」が散見される。

「家根板」の歴史的意義

「家根板」の中には、「本堂家根板一束三銭」または「本堂建立粉キしん（寄進）三せん文」と墨書されたものが見受けられる。このことから、國分寺を参詣する遍路を含めた不特定多数の人々は

阿波國分寺本堂「家根板」

「家根板」を寄進のため入手し、思い思いの文言を書き上げたとみられる。「家根板」には文化年間（一八〇四〜一八一八）を中心とした年号が墨書される。当時の國分寺は、本堂・大師堂再建のために勧進を行っており、「家根板」もまた本堂再建（一八一一年（文化八）棟上げ）のための勧進方法のひとつであった。

「家根板」は四国霊場である國分寺本堂の枌板として使用されるとともに、安価で入手できることから、多くの人々に求められたものとみられる。人々にとってはお賽銭のような感覚に近いのかもしれない。

さらに國分寺側にとっても一束ずつの金額は小さいが、貴重な収入となり、本堂再建に寄与するものになったのだろう。

江戸時代において、伽藍の整備は寺社にとって重要な課題であった。寺社は藩などの保護のもと、修繕・再建を進めた。その一方で四国霊場においては遍路を含めた不特定多数の人々が参詣するため、勧進を行いやすいメリットがあったといえる。「家根板」からは、阿波國分寺が霊場であることを最大限に活用して、本堂の再建にあたったことがうかがえよう。

第59話　阿波人、四国遍路のついでに太宰府天満宮に参拝

須藤茂樹

阿波の山村文書「露口家文書」

徳島県文化の森総合公園内にある徳島県立文書館には、歴史的公文書とともに数多くの貴重な古文書が所蔵されている。阿波の山村の生活を語る上で注目されるのが「露口家文書」である。本文書は、江戸時代に阿波国那賀郡花瀬村（徳島県那賀郡那賀町）の肝煎《きもいり》・林番・林目付を勤め、明治に入って那賀郡三十二番組里長、十小区戸長等を勤めていた露口家に伝来していた史料群で、整理によって確認された一一九〇点のうち、一一〇四点が公開されている。

露口家が肝煎役を務める花瀬村は、那賀川中流南岸の山間部に位置する。村高は七〇石ですべて蔵入地である。いまの感覚からすると、山村はテレビ番組「ぽつんと一軒家」などでも語られるように、山の中は貧しく不便であるといった印象が持たれがちであるが、江戸時代は必ずしもそうではなかった。材木や炭、茶などの特産物があり、「露口家文書」を繙《ひもと》くと椎茸栽培や蜜蜂

飼育など様々な仕事があったことがわかり、案外と豊かであったのだ。「露口家文書」は、近世の山村の生業や流通、くらしを知ることのできる「たからの山」ともいえる史料群なのである。

そのような「豊かさ」に裏打ちされてか、村人たちがお伊勢参りをしている。一八四六年（弘化三）三月二一日付で、花瀬村二五人の伊勢参宮の渡海許可状が残されている。また、「露口家文書」には、「文化十四丑年七月山上遍路日記、太龍寺より紀州三井寺、高野山、大和国金剛山、法隆寺参詣の旅日記」「奉納四国中遍路之日記（四国八十八ヶ所御詠歌）」などの遍路日記が残されている。

露口照房遍路に旅立つ

「文化五年辰二月吉日四州順拝付リ宰府路記草案」を紹介する。縦二四・八センチ、横一六・五センチ、二〇丁からなる冊子である。表題には「文化五年辰二月吉日」となっているが、一八〇八年（文化五）二月二一日に旅立っている。露口照房、同行者は平渓村野村継様作である。

一、　辰二月廿一日発足、簗ノ右衛門殿ニ止宿之処、朝馳走候事、

で始まる。露口照房一行は、二月二一日に花瀬村を出立した。旅立ちにあたり、つぎの歌を詠んだ。

まめやかにめぐる日好や花の杖
且来るも花もみつるも別れ哉

四国遍路へのワクワク感と長い旅路への不安が表されている。二月二二日、簗ノ上吉右衛門宅を立ち、仁宇村権兵衛宅に立寄り休息し、ついで仁宇の津から小舟で渡り、和食《わじき》を通り吉蔵寺に札を納め、岩屋へ参詣、荒田野の熊太宅に止宿した。翌二十三日には二十二番札所平等寺に札納、重打坂の茶店で休息して日和佐浦に着いた。山本屋勝次方に宿泊して、二十三番薬王寺に札を納めた。これ以降所々省略する。

同月二五日に土佐国に入る。三月二日に高知城下を拝見し、同一二日に伊予国の宇和島城下に入って和霊大明神を拝見している。「甚だもって結構なること、詞に縣けられざることに候」と

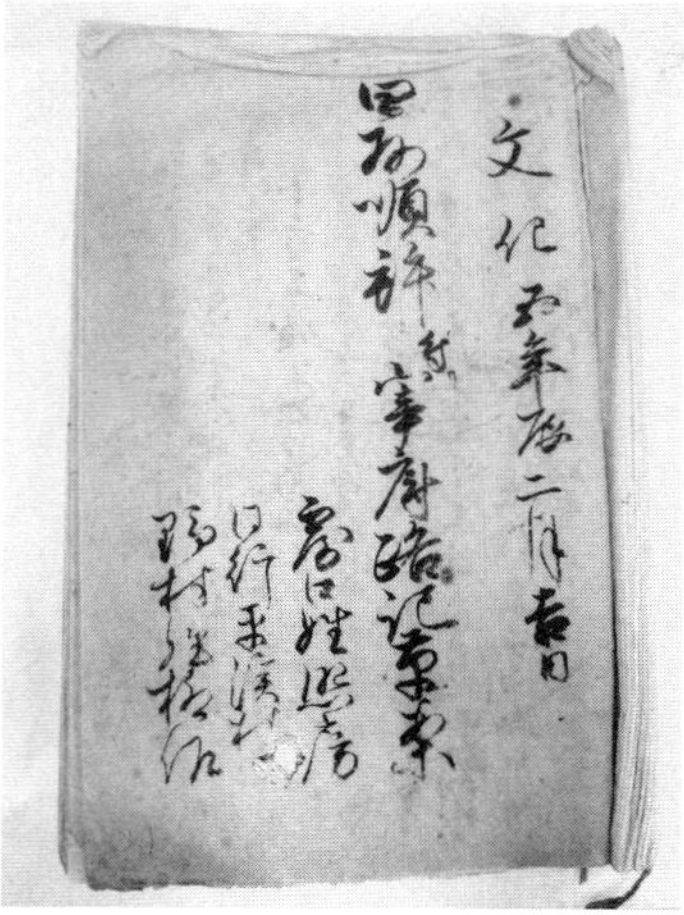

「文化五年辰二月吉日
四州順拝付リ宰府路記草案」表紙

感想を述べている。

八幡浜から九州へ行く

その後八幡浜に移り、問屋の豊後屋文四郎方に宿泊した。そして、一四日晩に船に乗った。果たして、どこに向かうのか。翌一五日朝五ツ半時ころに着いたのは豊後国佐賀関であった。ここから陸路を進み、即日別府に着いて、宿泊している。翌一六日朝に別府を立ち、豊前国宇佐八幡宮に参詣した。一八日に宇佐を立ち、二〇日に太宰府天満宮に参詣している。二三日に熊本城を拝見、二の丸まではお構いなく入れたと記す。二四日には阿蘇山奥の院まで詣で、「この所に硫黄もへいづる也」と記している。

二七日さがの関東浦から漁船を借り切って大さだ浦に着いて漁村の藤兵衛方に宿泊、八幡浜に渡り、二八日大洲に着き大洲城を見ている。その後に岩屋寺札納。四月一日、八坂寺、西林寺、浄土寺、石手寺と巡り札納、道後湯之八幡宮に和歌を奉納、大山寺では「松山若連中」より接待を受け円明寺に札納。四月二日に延命寺札納、今治城下、同三日国分寺、横峰寺、同四日石鎚山前神寺、三角寺、六日雲辺寺、観音寺、本山寺、同七日曼荼羅寺、出釈迦寺、善通寺、象頭山参詣、金倉寺、八日道證寺に札納、さらに白峯寺のお参りし、「結構なる普請にて美麗なること」

と記している。九日一宮寺、屋島寺、一〇日長尾寺、大窪寺、一一日白鳥神社参詣、和歌を奉納、一二日金泉寺、法輪寺、札所前の茶店で九州での旅行の話をし、大師同伴の謝恩の思いを語る。一三日焼山寺、一四日一宮から五ケ寺、一五日徳島泊、一六日鶴林寺、一七日露口家に到着した。五七日間に及ぶ長旅であった。

日記には、赤飯、そら豆入りの御飯、草鞋《わらじ》、風呂など様々な接待、宿泊したところの亭主や奥方などの人柄など道中での出来事や印象が簡潔に記されている。

第60話　武士の四国遍路　――「春夏の杖」の紹介――

松永友和

江戸時代の遍路日記

江戸時代に四国を巡った旅人（遍路）は、どのような想いを抱いて旅をしたのであろうか。何を考え、何を食べ、どのような行程で旅を続けたのか。ほとんどの遍路は記録を残すことなく旅を終えたため、明らかとなる歴史的事実は限られている。ひと握りの遍路が日記を残し、さらにごく一部の遍路日記が今に伝えられている。

江戸時代の遍路日記については、管見の限り五八点を確認することができる（二〇二四年九月現在）。遍路日記の多くが町人や百姓身分の者が記録したものだが、武士身分の者（以下、「武士」と表記する）が書き残した日記も存在する。つまり、武士も四国遍路を行ったのである。

武士の遍路日記として、徳島藩下級武士の橋本鹿太郎が記した「四国旅日記」（徳島県立博物館蔵）と、徳島藩家老稲田家家臣の山水居蘭室《さんすいきょらんしつ》が記した「春夏の杖」（美馬市教育委員会蔵）がある。「四国旅日記」については『四国遍路と世界の巡礼（上）』（創風社出版、二〇二二年）で紹介したため、ここでは「春夏の杖」を取り上げることにしたい。

四国遍路を行った武士

四国遍路を行った山水居蘭室（一七五九～一八四二）は、阿波国美馬郡猪尻《いのしり》村（美馬市脇町）に居住し、名を山下壬生《みぶ》右衛《え》門《もん》、俳号を臥林庵《がりんあん》といった。山水居蘭室と子の渡橋《ときょう》（美馬助）、孫の浮島《ふとう》（寅一郎）の三代にわたり俳諧の宗匠をつとめ、近郷の多くの弟子を指導した（『脇町史』上巻、一九九九年）。

蘭室が遍路を行ったのは一八一五年（文化一二）であり、当時蘭室は五七歳であった。「春夏の杖」の序文によれば、同行者に三宅吐月《とげつ》（小一郎、一七七四～一八三二）と上田一松《いっしょう》（官兵衛、一七七七～一八四四、妻は女性史研究で知られる上田美寿《みす》）、荷持ちの幸吉の三人がいたこと

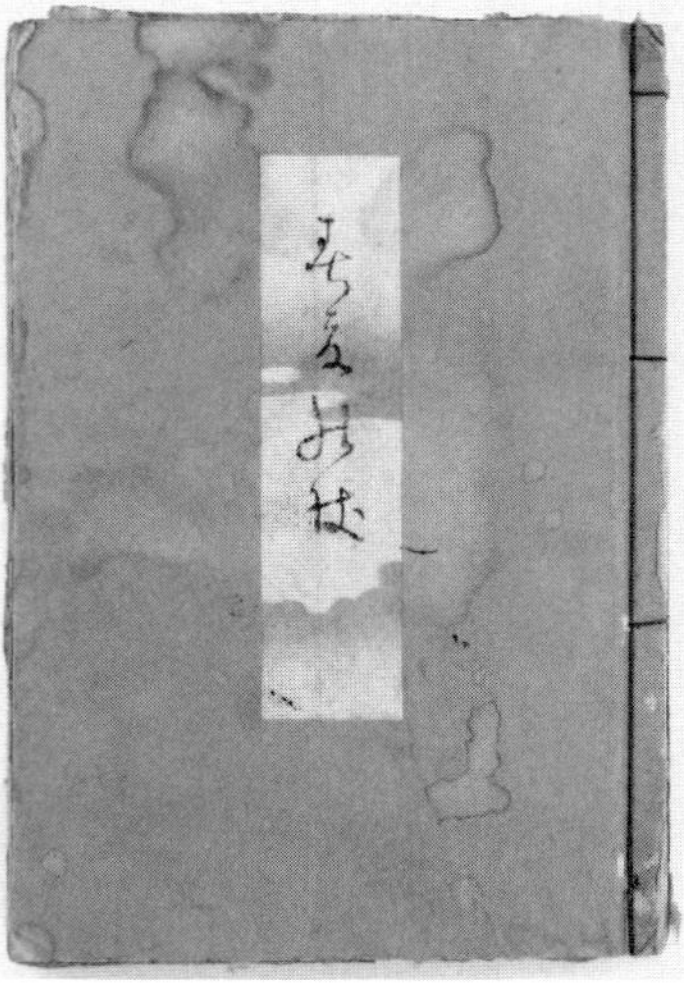
山水居蘭室「春夏の杖」（美馬市教育委員会蔵）の表紙

がわかる。三宅吐月と上田一松は蘭室と同様、稲田家家臣であり猪尻村に居住した武士である。遍路を行ったとき、吐月は四二歳、一松は三九歳であり、吐月は一松にとって義兄にあたる。なお、山下家・三宅家・上田家の檀那寺は、猪尻村の最明寺（真言宗）である。

「春夏の杖」の内容

次に、「春夏の杖」の内容について紹介しよう。「春夏の杖」と記された表紙をめくると、応呼《おうこ》龍《りょう》の序文が記されている。応呼龍（一七五六〜一八三四）は、名を武田宗作《そうさく》といい、稲田家家臣で猪尻村に居住し、神全塾《しんぜんじゅく》を経営したことで知られている。

「春夏の杖」は、紀行文として文芸作品的修飾が施され、日々の出来事とともに俳諧が記されている。以下、①行程、②宿泊、③関所、④遍路（修行者）の描写に着目する。

①行程

山水居蘭室は、一八一五年二月二七日に居住地の猪尻村を出立し、翌二八日に焼山寺（十二番札所）に到着する。以後は札所の順番に従って霊場を巡拝している。三月七日に土佐、三月二四日に伊予、四月一三日に讃岐に入国し、四月二五日に阿波国に帰着する。およそ二ヵ月の比較的のんびりとした旅であった。道中では、「真念の道記をさくりさくりて、山をこえ海辺に出て」（三月一一日条）とあるように、真念の『四国偏礼道指南 増補大成』を頼りに旅を行ったことがわかる。

②宿泊

「春夏の杖」には、宿泊に関する情報も記されている。宿泊先は、宿屋や旅籠《はたご》、知人宅の他に、町人・百姓宅であった。個人名が記される場合や村名のみの場合がある。例えば、「川田なるゆかりの杦岡《すぎおか》氏何かしの家」（二月二七日条）、「さうち村」（左右内村）（名西郡神山町）（二月二八日条）、「中村手塚何かしの家」（藍商 手塚六三郎家）（二月二九日条）、「城下の旅籠屋」（二月晦日条）などである。

③関所

関所（番所）については詳細な記述は見られず、例えば「阿・土の境なる古目《こめ》と聞へける浦山に関所あり、又土佐の領に入て、かんの浦にも関あり」（三月七日条）のように、関所の名称が記される程度である。ただし、関所が俳諧に詠まれることがあり、土佐と伊予の国境に位置する松尾坂では、「ほとゝきす　爰《ここ》を隣に　松尾坂　蘭」とある。蘭室ら一行にとって重要なことは、関所を通過することはもちろんだが、旅の出来事をいかに俳諧で表現するかであったように思われる。

④遍路（修行者）の描写

蘭室の同行者の上田一松は、薬王寺（二十三番札所）で多くの修行者の笠が斜めに続いている情景を見て、「山形《な》りに　つゝく道者や　笠の花　松」と詠んでいる（三月五日条）。

また蘭室は、青龍寺（三十六番札所）を巡拝した後に乗った舟中で、修行者が珠数《じゅず》を繰りながら真言念仏のみを唱える情景を見て、「舟に生けし　藤や手舟に　珠数の玉　蘭」と詠んでいる（三月一五日条）。

さらに一松は、岩屋寺（四十五番札所）で修行者が絶壁に登る情景を見て、「懼《おのの》くものよ　岩這《は》ふ蟹の　涼しさに　松」と詠んでいる（四月一日条）。

このように、蘭室ら一行は自ら遍路を行いながらも、俳諧を通じて修行者を描写している。山水居蘭室の「春夏の杖」は、武士が記した遍路日記であるとともに、紀行文（俳諧の作品集）でもある。その意味で、蘭室らの遍路の目的は、俳諧の創作のためであったと言っても過言ではないだろう。

第61話　四国遍路に出るためには　──高松藩領引田村の手続き──

萩野憲司

引田村の遍路記録

四国遍路研究には、札所、遍路道、道中日記、納経帳、納札、道標、往来手形など多彩な研究題材がある。なかでも近世における四国遍路に欠かせないのは身元証明書となる往来手形である。四国遍路にあたり、庄屋・年寄や檀那寺《だんなでら》（徳島藩では郡代）が願い出人の名前、人数、戸主との続柄、檀那寺などを確認し往来手形を発行していた。

四国遍路の往来手形に関する研究は進んでいるとは言えず、その発行や帰村の手続きなど不明な点も多い。この手続きの手がかりとなるのが、港町として栄えた讃岐国大内郡引田村《ひけた》（現香川県東かがわ市引田）の庄屋を代々務めた日下《くさか》家に伝来する「申歳《さるとし》四国遍路人別留帳《とめちょう》」と「四国遍路往来帳扣《ひかえ》」である。

両帳は、引田村民が往来手形発行を願い出た際、庄屋が願い出人の諸情報を記録した帳簿である。

「人別留帳」は一八一二年（文化九）分から一八二三年（文政五）分までと一八二四年分の計一二ヵ年三〇六人、「往来帳」は一八六一年（文久元）分と一八六二年分、一八六七年（慶応三）分の計三ヵ年九人の記録である（以下、「人別留帳」に統一）。

「人別留帳」からは、願い出人の人数や構成、宗派などの数量的考察ができるが、今回は往来手形の発行や帰村の手続きに注目したい。

往来手形発行の手続き

「人別留帳」には願い出人の諸情報とともに「〇月〇日申出往来出候」との注記があり、願い出を受けた上で庄屋が往来手形を発行していることが確認できる。

発行に要する期間は即日発行されることもあれば、「三月朔日」に願い出て「五日相渡」との注釈もあることから、願い出されてから直ぐに往来手形が発行されるとは限らず、数日後に発行されること

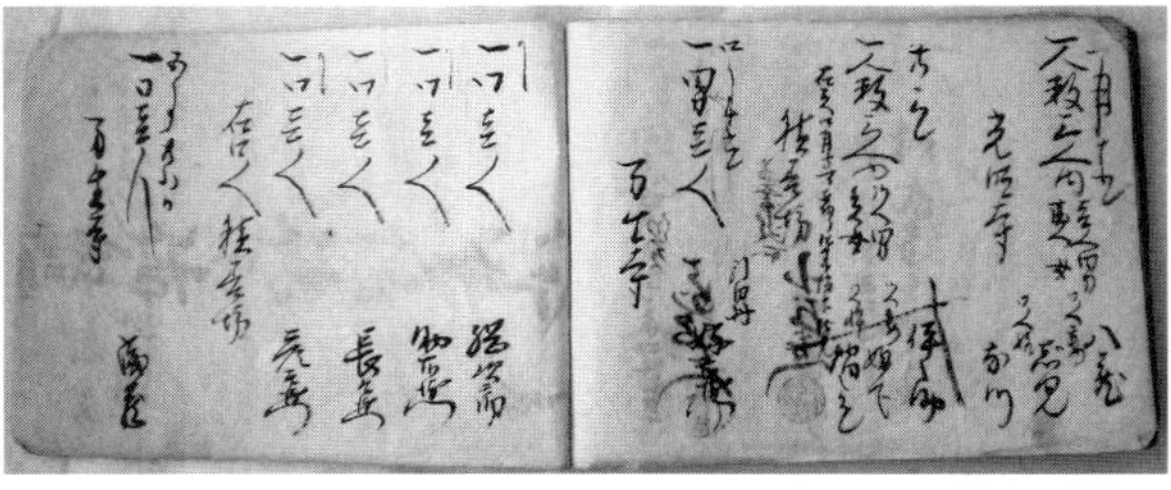

四国遍路人別留帳（日下家文書、瀬戸内海歴史民俗資料館蔵）

もあったようである。

また「○人分役所願書○月○日ニ指出《さしだし》候」ともあり、庄屋は村民からの願い出を取りまとめて役所（郡奉行所、またはその代官所）へ差し出している。庄屋は四国遍路の許認可権限を持っているものの、役所への報告義務もあったことがわかる。

帰村の手続き

次に帰村後の手続きをみる。

願い出人には「往来戻リ」「往来消印済」の注記や「○」「|」印の消印がある。このことから、帰村した際に庄屋宅を訪れ、「人別留帳《にんべつとめちょう》」に注記や消印を記入し帰村の手続きを済ませていたことがわかる。さらに「右○人○月○日罷《まかり》帰リ往来指出致候也」との注記もあることから、帰村した時には往来手形が返納されていることもうかがえる。

さて、「人別留帳」のうち注記や消印による帰村の記載がある計八年分に限定すると、願い出計二一○人のうち八四人（男五○人・女三四人）が帰村しており、帰村率四○・○％、一○人のうち四人が帰村していることとなる。帰村率が最も高い一八一三年分では七二・二％、次いで一八一七年分の五二・九％であり、高い数値とはいえ全ての願い出人が帰村しているわけでない。

帰村している男女別の平均比率をみると、男二九・四%、二九・三%であり、男女ともほとんど同じである。

前述の一八一三年のように帰村率が高い年次もあるが、年次別や男女別でみてもほとんどが過半数に満たない。過半数を超える帰村の消印がない願い出人は帰村できなかった、またはしなかった遍路といえようか。江戸時代、特に中期になると、修行僧だけでなく社寺参詣の信仰や物見遊山などを目的として民衆が四国遍路を巡るようになるとの指摘がある。一方、四国遍路には女性や社会の下層の人々が比較的多かったとの指摘もある。帰村率の低さは、四国遍路は社寺参詣の信仰や物見遊山だけでなく、病や口減らしの可能性をうかがわせるものといえる。しかしながら「人別留帳」の帰村率からはこれを断定できず、一般化するには他地域の事例も参考にしなければいけない。今後の研究課題といえよう。

「人別留帳」のように発行手続きや数量的考察の手がかりとなる史料は珍しいと思われる。これを様々な観点から検討することで、四国遍路研究の深化が期待できる。

第62話　京都御室八十八ヶ所と四国を結んだ行者

村上紀夫

御室桜と八十八ヶ所

京都の仁和寺《にんなじ》は、宇多天皇を開基とする真言宗御室派の総本山である。境内は御室桜《おむろざくら》と呼ばれる桜の名所としても知られ、春には花見に訪れる人も多い。仁和寺に隣接する成就山《じょうじゅさん》内には、四国八十八ヶ所を写した八十八の札所が点在し、札所寺院の本尊と弘法大師像をお祀りしている。今から約二〇〇年前の一八二七年（文政一〇）に仁和寺二九代門跡の済仁法親王《さいにんほっしんのう》が発願し、寺侍の久富遠江守に命じ、四国八十八ヶ所の砂を持ち帰らせ、成就山に八十八の堂を建立したのが始まりである。御室八十八ヶ所と呼ばれる約三キロを巡れば、四国八十八ヶ所霊場の巡礼と同じ御利益があるとされている。

今回は、御室八十八ヶ所と四国八十八ヶ所を結んだ一人の行者についてご紹介したい。

矢柄与右衛門から恵信へ

その男は、一七七六年（安永五）に生まれている。名を矢柄与右衛門《やがらよえもん》という。四〇年も修行を重ねていたというから、職業的遍路だったのだろう。彼に転機が訪れたのは五四歳になった時のことであった。

大坂を拠点にしていた彼は、一八二二年（文政五）もあと一〇日足らずで暮れようかという一二月二一日に阿波の焼山寺にいた。しばらく前に焼失していた第十二番札所の焼山寺を再建するためである。

彼は無事に翌春には焼山寺麓の衛門三郎旧跡庵室・通夜堂・弘法大師像と衛門三郎木像の再建を終えている。ごく短期間での復興に成功しているから、その力量は明らかであろう。こうした活動が、徐々に彼の心にも影響を与えていった。

再び巡礼の旅に出ていた彼は、一八二三年三月一二日に第三十五番札所清瀧寺の麓にある百姓直八《なおはち》に宿を借りていた際、故郷の氏神が夢に現れた。そして、剃髪をして巡拝をすれば善果を得ると告げられたのである。彼は、ただちに大坂長堀《ながほり》で得度し、以後は恵信《えしん》と名乗った。

大坂を拠点に四国遍路をくり返し、それまでに四国をめぐること既に二一度に及んでいた彼は、「大坂難波四国遍禮《へんれい》二十一遍大行者」と称していた。二一度の巡礼を終えていた彼は、剃髪を機にお礼参りとしてさらに一二度、計三三度の巡拝を誓っていた。

御室八十八ヶ所と恵信

そんな彼が耳にしたのが、京都仁和寺で進んでいた成就山内八十八ヶ所の整備の噂であった。京に居ながら、誰もが御利益ある四国八十八ヶ所めぐりができる施設がつくられることに恵信は賛同した。ただちに仁和寺に協力を申し出て、一八二九年（文政一二）五月には御室八十八ヶ所内に石造で大型の宝篋印塔《ほうきょういんとう》を造立することを発願し、そのための寄進を募って各地を歩いた。恵信は、四国遍路のルーツとされる衛門三郎に傾倒していた。一八三〇年（天保元）は衛門三郎が没したとされる八三一年（天長八）の千年忌にあたり、そ

恵信が建立した宝篋印塔が描かれている
御室八十八ヶ所図（部分）

れまでの造立を目指していたようだ。

恵信の願いは成就したようで、現在も御室八十八ヶ所の結願所である八十八番札所の背後に宝篋印塔は存在している。塔には一八二九年（文政一二）九月に建立されたことが刻まれており、わずか四ヶ月ほどで建立が実現したことがわかる。

宝篋印塔造立の勧進にあたり、寄進者は物故した家族などの名を過去帳に記していたようで、集められた過去帳は塔内に納められた。塔の裏側には、過去帳を納入するための開口があり、石で蓋をしている。

仁和寺では春秋の彼岸中日と地蔵会の日（七月二四日）に法要が行われ、過去帳に記載された故人の供養が行われていた。短期間で宝篋印塔の造立ができたのも、花の名所として知られた京都の霊場での永代にわたる供養が魅力だったからだろう。

恵信の尽力に対し、仁和寺は「四国遍路日本惣大先達」の号を授与している。四国遍路の案内や参拝作法を指導する「先達」の恵信を通して組織化しようとしていたのであろう。

四国遍路の歴史のなかには、恵信のような知られざる行者が幾人もいたに違いない。今後も、こうした人々の姿に光をあてていきたい。

第63話　神社も巡った江戸時代の遍路

胡　光

明治維新と神仏分離

明治維新において、初めて神仏分離政策が出されたのは、一八六八年（慶応四）三月一三日の布告とされる。ここでは、王政復古、祭政一致、神祇官再興、神職の神祇官附属など基本政策を宣言した。この年、京都・奈良の大寺社において、神社にいた僧侶は還俗し、本尊は関係する寺へ移されたが、四国の状況は不明である。

江戸時代の四国霊場は、神仏習合のなか、各国一宮など主要な神社も札所であった。一八八一年（明治一四）河内国（大阪府）からの巡礼者の納経帳（御朱印帳／センター所蔵）に、六十番札所では、「大峰密寺」と「清楽寺」の二つの朱印が捺されている。石鎚山と関係の深い横峰寺は廃寺になるが、その本尊を引き取った「清楽寺」と、「大峰寺」として再興を許可された元横峰寺が対立。その両寺がそれぞれ六十番札所を名乗っており、巡礼者は混乱していたことが分かる。

大三島・大山祇神社も札所

本稿では、江戸時代の遍路日記を用いて、神社が札所だった様子について伊予を例に紹介したい。一八四五年（弘化二）三月一五日に三津浜に上陸し、今治方面へ歩き始めた、筑前国津屋崎《つやざき》村（福岡藩領／福岡県福津市）豪商・佐治《さじ》家一行の「四国日記」を中心に述べる（福岡県立図書館保管、佐治洋一氏蔵）。

第五十四番札所延命寺（今治市）を経て、第五十五番札所へ奉納する。ここは、「別宮大明神」と呼ばれ、「大三島の前札所」と記されている。

詳細な遍路日記の草分けである、一六五三年（承応二）の澄禅「四国辺路日記」も「本式は辺路であれば島へ渡り、別宮に札を納めるのは略式である」と述べる。さらに二〇二〇年（令和二）、実際に大三島へ渡った遍路日記を発見した。一八〇五年（文化二）に京都商人が遍路をした「四国巡拝みちの日記」（センター蔵）では、堀江村（松山市）から船に乗り、厳島神社と大山祇神社を参詣している。大山祇神社では、五十五番の納経（御朱印）が出たとあるので、神社側も札所と認識していた。現在は別宮の世話をしていた隣接する南光坊が札所になっている。

今治城下の善根宿《ぜんこんやど》に泊まり、城下町を見物した後、第五十六番泰山寺へ向かい、次に第五十七番栄福寺・石清水八幡宮へ到着する。佐治日記では寺と神社の名前が並列されるが、澄禅日記や真念案内本には八幡宮と紹介される場所である。

現在の遍路道は、八幡宮の山に突き当たると迂回して裏の栄福寺に至るが、まっすぐ山頂に登ると八幡宮の本殿があり、ここで本尊阿弥陀如来を拝し、麓の栄福寺で大師堂を拝していた。現在の八幡宮参道は、みごとな竹林で覆われている。

石鎚山を拝す

桜井村（今治市）鍛治屋嘉兵衛宅で泊まり、翌朝、茶堂《ちゃどう》で焼米と月代《さかやき》（髪結い）の接待を受け、楠村の本尊開帳、臼井の水、生木地蔵、福岡八幡宮を参詣しながら歩く。弘法大師が加持祈祷した時、諸仏来迎して五色の雲がたなびいた水、樟の大木に大師が刻んだ尊像は霊験あらたかであると記される。

こうして、大戸《おおと》（大頭・西条市）の町で昼食をとったところ、九ツ半（一三時）だったので、荷物を置いて百丁（約一〇キロ）の山道を登った。七ツ半（一七時）に第六十番横峰寺に到着し、本尊大日如来と大師堂を拝した。右手の宮は石鎚山蔵王権現の前札所になっていて、両所に札を納めた。寺の前で少し休み、急いで下る。道半ばで日が暮れ、提灯をつけて町に帰ると五ツ（二〇時）だった。たいへん難儀をしたと記されている。頼んでいた風呂に入って、遅い夕食をとる。この日、歩いた距離は九里余（三六キロ以上）に及んだ。老婆を含む七人連れの健脚を知る。

現在、横峰寺境内とそこへ至る道は国の史跡に、石鎚山を望む星ヶ森は名勝に指定されている。寺への距離を記した丁石や自然な山道がいにしえの遍路道の様子をよく伝えてくれる。渓谷沿いの道は、自然石の階段も見られ、地域特有の景観を形成している。

早朝に出立すると、第六十一番香園寺を経て、小松城下を通る。第六十二番札所は現小松駅の裏にある一宮、現在は宝寿寺が札所になっている。氷見《ひみ》村に入り、第六十三番吉祥寺で休憩をとる。当村には、弘法大師加持祈祷の水があり、大師が来た時、水がなかったため、遠くから水を汲んできた女性がいたので、この地

横峰寺奥の院星ヶ森

に水を授けたという伝説が記される。現在の西条市の打ち抜きの起源である。

石鎚蔵王権現を祀る第六十四番前神寺は、四国一裕福な寺で、高いところにあって景色良くけっこうな霊地であると紹介される。ここは、現在の石鎚神社の地で、明治維新で廃寺となり、後に現在の場所に再興された。石鎚神社の本殿が本堂、すぐ下にある祖霊殿が大師堂の面影を伝えている。

この後、讃岐・阿波・土佐を経て伊予へ戻る。宇和島城下町を過ぎ、第四十一番龍光寺へ至る。本尊は稲荷大明神と記される。現在も龍光寺参道入口には、鳥居があり、参道を登りきると稲荷社が、一段低い両側に本堂と大師堂がある。

第64話　四国遍路と「徘徊浮浪」へのまなざし

中川未来

「生きること」をめぐる歴史学と四国遍路の普遍的価値

二〇二四年（令和六）は、痛ましい地震・津波災害から始まった。阪神淡路大震災に続く一連の大規模自然災害は、人口減少と少子高齢化、暮らしのケアを担う自治体や医療・福祉・介護の機能不全といった現在の日本社会の隘路《あいろ》を一気に可視化した。このような諸問題を背景に、日本列島で〈生きること〉の歴史的経験をめぐって、その位相を自然と人間、労働と生活、国家と社会の三つから捉え直す研究動向が生まれている。

近代の四国遍路を振りかえると、それは巡礼者と霊場、地域社会、行政が相互に関係しつつ、信仰と地域振興、そして生存にまたがる営みとして捉えられる【図】。四国遍路の世界遺産登録を目指す際に「普遍的価値」の証明は喫緊《きっきん》の課題である。「お接待」を伴う四国遍路は社会的弱者の〈生存の場〉としても機能していた。〈生きること〉と密接に関わってきた四国遍路の仕組

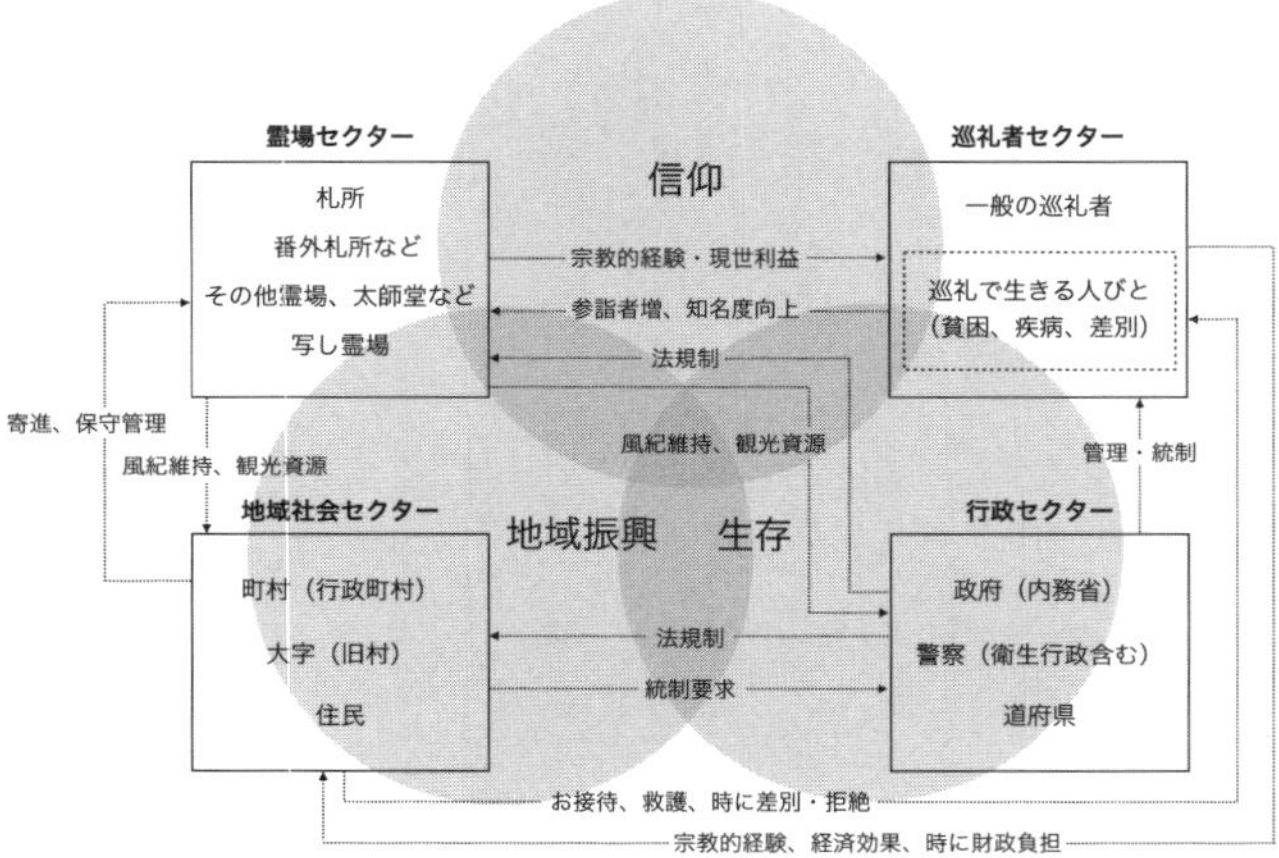

近代の四国遍路をめぐる見取り図(筆者作成)

みを明らかにすることは、その普遍的価値を照らし出すことにつながる。

一方で、巡礼で生きる社会的弱者への差別と偏見が存在した歴史的事実も見据えなければ、〈普遍的価値〉は証明できない。例えば、四国遍路はハンセン病患者を受け入れてきた。それは積極的な意味を持つ事実だが、同時に近現代の日本社会がハンセン病患者を政策的に管理し、そのことが患者への社会的差別や偏見を醸成、助長して長期に渉る深刻な人権侵害をもたらしたことも事実である。社会的弱者が巡礼で生きることを可能とし、他方でそれを管理しようとした四国遍路をめぐる仕組みを動態的に解明することが必要だろう。

問題化する「徘徊浮浪」

明治四〇年法律第一一号「癩《らい》予防ニ関スル件」（以下、一九〇七年法）は、ハンセン病患者を対象とした初の立法である。「癩」への政策対応が始まった当該期は、社会の資本主義化に伴い社会問題が顕在化し、警察を所管する内務省警保局が治安立法（治安警察法、一九〇〇年）の策定に力を注いだ時期と重なる。

当時の帝国議会議事録を確認すると、「癩病患者」と「乞食」を「徘徊《はいかい》浮浪《ふろう》」する存在として問題視する議論が見出される。外国人の国内居住を自由化する改正条約の発効を控えた一八九九年（明治三二）に提出された「癩病患者及乞食取締ニ関スル質問」である。そこでは「癩病患者」「乞食」がともに「国家ノ対面」に関わる社会の恥部とされている。

新条約の発効を目前にして「癩病患者」「乞食」が問題化したのは、一定の居所を有さず「徘徊浮浪」する両者の存在は、必然的に他者の目に触れやすいと考えられたからである。議論の焦点は「徘徊浮浪」という行為にあった。

公権力による身体の管理

国家の領域内を移動する住民に対して公権力は、当初は移動する身体そのものを管理対象としたが、一八八〇年代半ばには松方デフレ下の行政コスト削減により、移動した結果として生じる「行き倒れ」を対象とするようになった。「行き倒れ」発生を未然に防ぎ一般行政と地域社会の負担を軽減するためにも、事前に「徘徊浮浪」という行為を管理する行政警察活動が重要となる。日露戦争の前後には社会問題への対応が意識され、行旅《こうりょ》病人・行旅死亡人対策（行旅病人及行旅死亡人取扱法、一八九九年）とハンセン病対策（一九〇七年法）、そして初期社会主義対応としての治安立法（治安警察法、一九〇〇年）が連動して体系化された。さらに警察犯処罰令（一九〇八年）により、「一定ノ住居又ハ生業ナクシテ諸方ニ徘徊スル者」に対する警察の関与が強まっていく。

　警察犯処罰令に規定された浮浪罪は警察署長による即決処分が可能であった。施行翌年の一九〇九年に処分を受けた人数は、第一条第三号（徘徊）違反が二万五七七五人となっている。同号が警察権の融通無碍《ゆうずうむげ》な運用に威力を発揮した事実は、「警察の正宗《まさむね》」との俗称からも看取される。

「徘徊浮浪」と「癩」の交錯

　「徘徊浮浪」は、同時期に伝染病として認知された「癩」との関わりでも注目された。

一九〇七年法を所管する内務省は、ハンセン病患者が「神社仏閣或ハ公園等ニ徘徊」し「病毒ヲ伝播スルノ虞《おそれ》ガアル」とみていた。つまり立法目的は「徘徊スル行旅患者」＝「癩患者ニシテ療養ノ途ヲ有セス且救護者ナキモノ」（第三条）対応にあったのである。そのため一九〇七法の運用に際しては、「病毒ヲ伝播スル」と目された「徘徊スル行旅患者」の把握が要請された。同法の審議過程では四国霊場を巡るハンセン病患者対応の必要性も指摘されている。

同法の立法参考用資料（一九〇五年）には「神社仏閣其他路傍ニ徘徊スル行旅患者数」という調査項目があり、全体の三分の二以上が愛媛県内の患者であった。しかし内務省衛生局長はこの数字について警察の担当者が同一人物を複数回カウントしたミスを認め、「殆ド参考ニナリマセヌ」と述べている。ここでは数字の多寡ではなく、内務省が「徘徊スル行旅患者」を特に問題視していたこと、そしてその管理を警察が担った点が重要である。

このように社会問題への対応が急務と目された日露戦後、四国遍路を〈生存の場〉とする社会的弱者を含む「徘徊浮浪」する人びとは、能動的な行政警察活動により管理されるようになった。同時にハンセン病患者、とりわけ「徘徊スル行旅患者」への政策対応が始まることで、社会的差別や偏見が強まっていくのである。今後は法制面の変化を踏まえて、四国遍路に生きた患者たちの肉声を史料から回復することが必要となろう。

第65話　札所寺院の境内に見る戦争の痕跡

――三番札所・金泉寺の事例――

小幡　尚

札所寺院にある戦争の痕跡

四国八十八ヶ所の各霊場の境内には、多くの戦争の痕跡が遺されている。痕跡にはさまざまなものがある。最もよく見られるものは戦没者の慰霊や顕彰を目的に建てられた忠魂碑や慰霊塔である。戦死した兵士を葬った墓があることも珍しくない。札所寺院は遍路の経由地であると同時に、地域の信仰を集める名刹でもある。その境内に戦争によって地域社会が被った「傷」が遺されていることは自然なことなのかもしれない。

金泉寺の境内にある二つの墓・忠魂塔・頌徳碑

ここでは、そのような痕跡を多く見出すことができる寺院の一つとして三番札所・金泉寺（徳島県板野郡板野町）を取り上げ、境内の様子を紹介する。そして、そこにある遺物から何を知ることができるのかを考える。

同寺の境内にある痕跡のうち最も古いものは大師堂と閻魔堂の間にある二つの墓である。これらは日露戦争で亡くなった兵士のものである。一つは、同戦争中に「清国」で「名誉ノ戦死ヲ遂げた「姫路第三十九連隊」の兵士の墓である（墓碑銘による。以下、同じ）。もう一つは、歩兵第四三連隊の兵として大連の「兵站《へいたん》病院」で戦没した、金泉寺の所在するかつての板西《ばんざい》村（現在の板野町の一部）出身の青年のものである。これは、一九〇六年（明治三九）に建てられたという。

本堂の裏手にある石段を登ると、山の中腹に大きな五輪塔がある。正面に忠魂塔と刻まれており、背面には龍暁《りゅうぎょう》という名が見える。忠魂という語から分かるように、これは戦没者の霊を慰めるための石塔である。境内の他の場所にこの塔の由来を

忠魂塔

記す石碑がある。本堂の前にある頌徳碑《しょうとくひ》がそれである。

頌徳碑の碑文は「浮屠《ふと》ノ身ヲ以テ心ヲ軍事ニ尽サレタル中僧正桂龍暁師ノ如キハ今世多ク其ノ類ヲ見ザルナリ」と始まる。つまり、これは僧侶（「浮屠」）ながら「軍事」に尽くした桂龍暁という僧侶を讃える文なのである。それによると、龍暁は香川県大川郡相生《あいおい》村の出身で、日清戦争の始まる前年である一八九三年に同寺の住職となった。日清戦争が始まって以来、「町内入営者アルゴトニ或ハ武運長久ノ祈願ヲ修メ送別宴ヲ張リテ之ヲ激励シ」、兵士の後顧の憂いを絶つためにその家族の「慰問扶助ニ努メ」た。一九〇六年には「巨額ノ私費ヲ投シ忠魂塔ヲ寺内ニ建設シ」た。つまり、先に見た忠魂塔は、日露戦争が終わった翌年に住職の龍暁が建立したものなのである。頌徳碑は、龍暁が亡くなった翌年の一九三二年（昭和七）に、「功徳ヲ不朽ニ伝ヘ」るために在郷軍人会板西分会によって建てられた。

「板野町軍人墓地大寺地区」

忠魂塔へ登る石段を降りて本堂を背に東へ向かうと、頂点が尖った形をした墓石が整然と並ぶ墓地が現れる。入口には「板野町軍人墓地大寺《おおてら》地区　昭和二十八年八月建之」と記された石碑が立つ。ここは、板野町のうち金泉寺がある大寺地区出身の戦没者のための墓地である。『板野町史』

（同町役場、一九七二年）によれば、アジア・太平洋戦争中に企画され、一九四二年に起工されていたものの、終戦前後の建設の中断を経て、連合国軍による占領が終わった後に完成したのだという（六六九・六七〇頁）。

ここには、六二基の墓があり、六五名の戦没者が葬られている。墓の数よりも被葬者が多いのは、兄弟二人がいっしょに眠る墓が三基あるからである。

それぞれの墓に刻まれた墓碑銘からはさまざまなことが読み取れる。六五名の戦没者の亡くなった年月日は、一九四一年（昭和一六）三月から一九五二年（昭和二七）一月に及ぶ。そのほとんどはアジア・太平洋戦争の戦没者である。中には戦争終結の後に亡くなった人々もいる。戦没年齢は一八歳から四四歳までで、二〇代前半が最も多い。戦没の地も多くの地域にわたる。マリアナ諸島、フィリピン、ビルマ、ニューギニア、中国、日本近海などである。

「板野町軍人墓地大寺地区」

戦没者のものとは別に、墓地の中央に五輪塔の形の墓がある。これには、先述した龍暁の名と没年月日、そして一九五九年（昭和三四）三月に亡くなった弦元龍雅《つるもとりゅうが》（同寺住職、龍暁の弟子）の名がある。

金泉寺の境内という場所

金泉寺の境内に戦没者を慰めるための墓・碑が多く遺されているのは、龍暁という僧の働きによるところが大きいと考えられる。地域の住民達も龍暁の意志に応え、戦没者を慰霊する場所として金泉寺の境内を選んだのだろう。そして、同寺の境内が持つそのような性格は戦後も継承されていた。

多くの札所寺院に存するにもかかわらず、その境内にある戦争に由来する碑や墓などが注目されることはこれまでほとんどなかった。札所寺院が地域において果たした戦没者を慰霊する場としての役割に留意されることも少なかった。

ここで見たような痕跡は、明治以降の札所寺院がもつ多様な性格を考える上で重要な材料になると考える。これからも、札所寺院の境内のそこかしこにある戦争の痕跡に目を凝らしていきたいと思っている。

第66話　お四国なさる　――旅と遍路の近代――

中根隆行

お四国なさる

大正期のある頃から四国遍路に関連する語が旅行雑誌を中心に目立つようになる。いや、旅行雑誌じたいが増え、遍路の記事も次第に目につくようになるといったほうが正確だろう。近代ツーリズムは確かに明治期に始まるといえるが、一般の観光旅行が本格化するのはこの時代である。旅行雑誌ばかりではないが、四国遍路について綴られた文章のなかには小説や詩歌のかたちをとるものも少なくはない。たとえば、「どんな願ひごとがあつて、お四国なさる」「別に、これとい ふ願いごともございませんが……」という掛け合いから始まる『婦人公論』に連載された下村千秋《しもむらちあき》の小説『遍路行』（一九三二年）も、ところどころに四国遍路の紹介が加わる紀行文としても面白く、この時期ならではの印象が強い。

下村千秋は志賀直哉を師と仰ぐ茨城県出身の作家で、同伴者作家としてルンペン文学の先駆者となった人物である。四国遍路の経験者でもあって、純一という孤独を抱える主人公と四国遍路との結びつきも興味深い。のちに下村千秋は「都会人近代人の誰もがかかつてゐる神経衰弱などは遍路に依つて直せさうに私は思つてゐる」と述べてもいる（「四国遍路礼讃」『旅』一九三七年三月）。下村千秋は一九一九年（大正八）頃に我孫子の志賀宅を訪ね、その後に四国遍路の途についている。

大正期の遍路と文学

志賀直哉といえば『暗夜行路』、そのなかに時任謙作が琴平を訪れる場面がある。金刀比羅宮の社務所の近くには動物園のようなものがあったようで、檻のなかの熊に杖でちょっかいを出す「四国へんどうの連中」の姿が活写されている。ただ、これは草稿での話であって、決定稿では削除される。採用されたのは金刀比羅宮博物館でのエピソー

金刀比羅宮から丸亀平野を望む（撮影：胡光）

ドであった。お遍路さんのイメージも、おそらくこのように、四国を訪れた旅行者が出会ったワンショットとして徐々に前景化されていったのだろう。志賀直哉が琴平を訪れたのは尾道時代、『暗夜行路』を起稿してまもなくの一九一三年（大正二）のことである。

そもそも日本の文学には、旅の目印としての歌枕、俳枕《はいまくら》が数多あり、定住する場をもつ旅人が詩歌に詠まれた場所をめぐるというように、旅による移動と親和性が高い。日記文学から道行文に道中記、近代になると田山花袋《たやまかたい》が先駆けた紀行文と、ジャンルや歴史性の違いこそあれ、古来、旅と文学は密接な関係にあった。その旅のありようのひとつとして大正期における遍路を考えてみよう。まず挙げなければならないのは、のちに女性史研究で知られる高群逸枝《たかむれいつえ》の『娘巡礼記』（一九七九年）である。二四歳の女性が一九一八年に熊本・専念寺を出発し、豊後水道を渡って逆打ちで結願する四国遍路の旅は、『九州日日新聞』に連載された計一〇五回に及ぶルポルタージュとして注目され、熊本県下で大好評を博した。

また、遍路の俳人と呼ぶにふさわしい荻原井泉水《おぎわらせいせんすい》がいる。戦前の学校教材でもあったエッセイ「お遍路さん」でも知られる。「お遍路さんの国に来ました。その多くは女の脚で四国八十八カ所の寺々を遍路するといふ事は、如何に信仰の為めとは云へ、大抵の事ではありません。で、四国一円を廻る代りに、小豆島の八十八ヶ寺を廻れば、同じ功徳を得られるといふ事になつてゐて、之を『島四国』といひます」（『俳壇十年』一九二三年）。これは小豆島に滞在した折りの随筆だが、荻原井泉水は一九二四年、実際に西国三十三ヶ所に次いで小豆島八十八ヶ所の遍路を行っている。種田山頭火《たねださんとうか》も強い影響を受けたに違いない。

四国遍路と旅のありよう

高群逸枝や荻原井泉水、はたまた下村千秋も、故あっての「本四国」「島四国」であり、のちに四国遍路に関する多くの文章を綴ることになる。彼／彼女らの実際の遍路は大正期に行われており、まさに観光旅行の季節が到来する時期に重なっている。柳田國男は『明治大正史 世相篇』（一九三一年）において「巡礼は日本では面白い形に発達して居る」と書いている。これは交通網の整備と観光旅行の一般化によって、巡礼も大衆化しているというほどの意味である。ただ、旅についてはこうも語っている。「タビといふ日本語は或はタマハルと語原が一つで、人の給与をあてにしてあるく点が、物貰ひなどと一つであつたのでは無いかと思はれる。英語などのジャーネーは「其日暮らし」といふことであり、トラベルは仏蘭西語の労苦といふ字と、もと一つの言葉らしい」と。「旅はういものつらいものであつた」（以上、柳田國男「旅行の進歩及び退歩」一九二七年）という言葉が意味をもつのは、かつての旅を憶う懐旧の情を踏まえたものであったからである。大正期の四国遍路の旅は、信仰なのか観光なのか、それとも祈りの旅なのか願いの旅であったのか。それは「お四国なさる?」と呼びかけられるお遍路さんによって異なるだろう。ただ、人伝に聞くだけでなく、活字から四国遍路に触れ、旅行者としてお遍路さんに出会う時代が到来していたことは確かである。

第67話　外国人遍路の先駆者　――スタールとボーナー――

モートン常慈

二人の西洋人遍路

民俗学者であり詩人の高群逸枝《たかむれいつえ》は一九一八年（大正七）に四国遍路をして、一九三九年（昭和一四）に『遍路と人生』を出版した。その中に、大正～昭和初期に四国遍路をした二人の西洋人についての記述がある。「外国人ではアメリカのスタール博士、独逸人アルフレッド・ボーナー氏などがある。ボーナー氏は、元松山高等学校の教授で『同行二人』の著がある。前記の諸氏にも、それぞれ遍路についての著書や、報告がある」。〝西洋人と四国遍路の歴史〟において、この二人が外国人遍路の先駆者であり、彼らが書き残した日記や文献等を読むと、当時の四国遍路の様子などが良くわかり、歴史的に大変興味深い。

フレデリック・スタール（一八五八―一九三三）

スタールはアメリカで生まれ、大学卒業後、生物学、地理学、人類学を研究し、長年シカゴ大学の教授として務めた。人類学の観点から彼は多くの国を訪れていたが、一九〇四年（明治三七）に初めて日本を訪れて、彼が亡くなる一九三三年までの間に、計一五回来日し、数多くの日本文化を研究テーマとしていた。その一つが「お札《ふだ》」であった。彼が日本国中のお札を集め調べる内に、「お札博士」という愛称で呼ばれるようになり、多くの日本人と友好関係を築いた。一九三三年、東京で彼が亡くなると、彼の死を悼んだ友人らが、富士山須走《すばしり》に大きな記念碑を建立し、彼の遺骨を埋葬したのである。スタールについて『お札行脚』の中でこう書かれている。「御札博士の名は、随分と広く日本国中に行き渡った。所々の神社仏閣に「壽多有」といふ納札も見受けられる…国屋旅館で、純日本式の御暮らしぶり。何一つ日本人と違はない、風呂にも入り、さしみひ《(ママ)》味噌汁も茶も御菓子も召し上がる…博士は心から日本が好き。」

スタールが尊敬していた日本人の一人が弘法大師であった。一九一七年に初めて四国を訪れているのだが、第一の理由は弘法大師の足跡を辿るため、第二の理由は四国そのものに興味を抱いたためであった。一九一七年三月三日に愛媛県松山に入り、そこから一〇日間、四国霊場を訪れながら徳島県の小松島まで行脚する。その時は四国の半分しか見られなかったので、一九二一年の二月一七日に再び徳島からスタートして、三月二六日までに八十八ヶ所霊場全てを巡礼した。

後日、スタールは全ての札所にお礼状を出しており、「この旅は私の生涯で最も面白い経験のひとつとなりました。」、「皆様のご親切に対しここに感謝いたします」等と記していた。現在、米国議会図書館とシカゴ大学には彼の手紙や納経帳が残されている。日本では、二十二番札所平等寺、三十四番札所種間寺、金毘羅宮表書院に巡礼の最中に書き残したメッセージが残されており、大変貴重な歴史的資料であると言えよう。

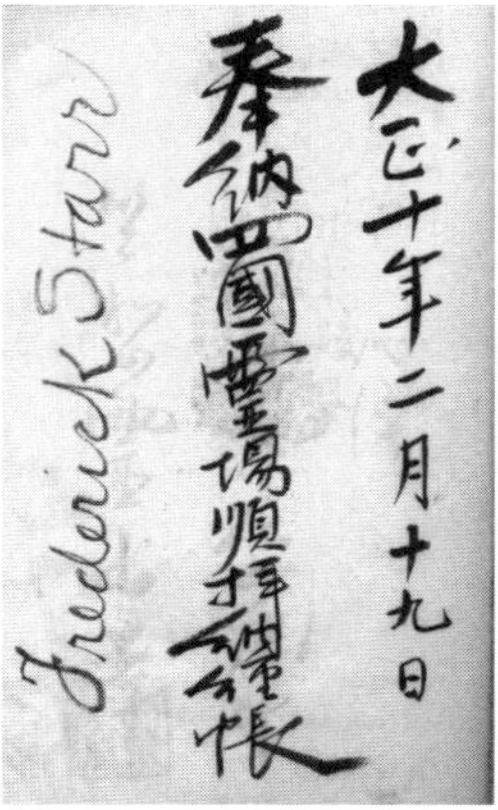

スタールの納経帳
（アメリカ議会図書館
スター博士コレクション蔵）

アルフレッド・ボーナー　（一八九四―一九五四）

第一次世界大戦後、ドイツの経済や社会状況が悪化したため、ボーナーは日本にいる兄のヘルマンを頼り、妻のコーニーリアと共に松山に来る。一九二二年から松山高等学校で教鞭をとるようになった。翌年には長女ハンナが誕生し、一九二六年に妻と娘はドイツに帰国したが、彼は一九二八年まで日本に滞在した。松山にいる間、彼は四国遍路に興味を抱き、翌年に約三週間かけて、四国遍路をしている。その年の秋に東京でその時の経験等について講演をした。その後も、彼はさらに四国遍路の歴史等を研究し、一九三一年に『Wallfahrt Zu Zweien – Die 88 Heiligen Statten Von Shikoku』（同行二人の遍路・四国八十八ヶ所霊場）という学術書を東京で出版した。当時、ある学術雑誌にこのような紹介文が載った。「日本という美しい島に到着する外国人に、日本人の生活の中で、もっとも強いインパクトのある物は（日本人の）巡礼に関する普遍的な愛着である。日本でもっとも有名な巡礼の道の一つは、四国の八十八ヵ所霊場巡りであって、これはここで、アルフレッド・ボーナーによって、細部に取り上げられている。この素晴らしい本は魅惑的で珍しい世界への扉を開きます。」

スタールと違い、ボーナーは四国遍路の歴史、霊場、お遍路さん、道中等を細かに説明しており、多くの写真をこの本に掲載した。彼が四国を旅している間の面白いエピソードも記されている。「遍路は旅中、アルコールを飲んではいけないと言われているが、私は宿坊に泊まった時に、よく朝食と一緒にビールをもらった。なぜなら、日本の中学校の教科書には、「ドイツでは、ビールはお茶の代わりにする」と書いてあったからだ。木賃宿では、お酒などのアルコールを飲んでいる人は見なかった。」この本の結論に、ボーナーは四国遍路の教育的、経済的、宗教的観点からの意義を説いている。約百年前に外国出身者が四国遍路について書いたものとして、非常に貴重であり、現在も英語版、ドイツ語版と和訳版が残されている。

第68話　霧と饅頭　――大寶寺と種田山頭火――

青木亮人

大寶寺の参道

秋の朝靄の中、小さな勅使橋《ちょくし》を渡ると木々が鬱蒼とし始め、山中の気配が濃くなるように感じられた。路の両脇の杉木立はそそり立ち、薄暗い参道脇には苔むした祠や石碑、地蔵が傾いだまま並んでいる。道は山腹の本堂へ続いており、遠くには淡墨を刷いたような霧が漂い、近くの霧はほの白く、路傍の地蔵の肩を撫でるようにゆっくり流れ、朽ちかけた祠や苔に覆われた石碑を包むように動いている。その光景を見た時、種田山頭火《たねださんとうか》が高知方面から久万《くま》へ向かった際にも霧がかかっていたことを思い出した。

やつと夜が明けはじめた、いちめんの霧である、寒い寒い、手足が冷える（さすがに土佐は温かく伊予は寒いと思う）、瀬の音が高い、霧がうすらぐにつれて前面の山のよさがあらわれる、すぐそばの桜紅葉がほろほろ散りしく、（略）それから久万へ、成川《なるかわ》の流れ、山々の雑木紅葉、歩々の美観、路傍の家のおばあさんからふかし薯《いも》をたくさん頂戴した。（『四国遍路日記』、一九三九年一一月二〇日項）

自由律俳人の山頭火は大正後期から死に処を求めてあてどなき旅を続け、昭和一〇年代に松山在住の句友を頼りに四国を訪れる。彼は到着後ほどなく遍路の旅に赴き、順打ちで高知市まで辿りついたが、路銀も尽き、托鉢《たくはつ》で凌《しの》ぐことも叶わず、空腹を抱えて途方に暮れてしまった。山頭火は高知から松山の句友に送金を打電したが返信を待ちきれず、巡礼を途中で打ちきって仁淀方面から愛媛に入り、久万方面へ向かう。早朝の山径には霧が深く立ちこめていたという。

久万に辿り着いた山頭火は「とみや」に宿泊する。大寶寺の参道沿いの遍路宿で、「赤のぼり」と遍路に親しまれ、山頭火も好印象だったようだ。翌朝、彼は大寶寺へ向かった。「早起、すぐ上の四十四番に拝登《はいと》する、老杉しんしんとして霧がふかい、よいお寺である」（『四国遍路日記』、一一月二一日）。朝の札所は霧に包まれ、本堂へ上がる石段そばの老杉は森閑と聳えていた。その様子を、彼は〈**お山は霧のしんしん大杉そそり立つ**〉と詠んでいる。

霧に包まれた地

その後、彼は久万の町へ托鉢に出かけ、そのまま松山を目指して三坂峠《みさか》に向かった。その『四国遍路日記』を見てみよう。「八時から九時まで久万町行乞《ぎょうこつ》、銭十三銭米二合、霧の中を二里ちかく歩いてゆくと三坂峠」云々。山頭火は久万の町や大寶寺、三坂峠周辺を霧深い土地として描いている。彼が訪れたのは一一月なので当然ともいえるが、山深い札所や町を包みこむ霧は他の札所と異なる特徴として描かれたのかもしれない。例えば、大正期に逆打ちした高群逸枝《たかむれいつえ》は松山から三坂峠に向かう際、雨に降りこめられ、頂上付近では次のような情景だったという。

こゝは松山一帯の平野を瞰下《かんか》に見晴らして非常に景色が好いと聞いていたけれど、何分雨天であるため前後左右一面の雲霧でただわが身と赤土の山径があるのみでその他はなんにも見えなかつた。(『娘巡礼記』所収「新磯節」、一九一八年)

「前後左右」が見えないほど霧に包まれた様子がうかがえる。三坂峠や大寶寺付近を訪れた人々がいずれも霧深い土地として描いたわけではないが、峠や久万一帯は「霧」が綴られる傾向にあった。例えば、昭和戦後期、旧面河村の俳人に東京在住の俳人である富安風生《とみやすふうせい》が招かれた際、〈霧

さむし深山燕の鋭き谺《こだま》〉と詠んでいる。面河方面や久万の町、三坂峠はやや離れてはいるが、遍路や旅客として訪れた人々は平野部と異なる深山の風情として霧を好んで描く傾向があるのではないだろうか。

饅頭と句碑

ところで、山頭火は大寶寺参拝の後に「とみや」に戻り、昨晩馳走に与《あずか》った同宿のお遍路に礼をしたという。

同宿の同行から餅を御馳走になつたので、お賽銭を少々あげたら、また餅を頂戴した、田舎餅はうまい、近来にないおせつたいであつた、(以下略)(『四国遍路日記』、一一月二一日)

「とみや」はすでにないが、現在は参道沿いに「すごうさん」というお店があり、「やいと饅頭」が売られている。お店の方が手作りで供する素朴な蓬饅頭で、いただくと口中に蓬の濃い味が広がる昔ながらの美味しい味だ。無論、山頭火が頬張った餅と同じではないが、お店でお茶とともにやいと饅頭を頬張ると、参道沿いに遍路宿が軒を連ねたという往事の面影を少し実感できるような面持ちになる。
往事の遍路宿はいずれも姿を消し、今や参道沿いには「すごうさん」が店を構えるのみとなった。山頭火の次の句は碑となり、今も境内に佇んでいる。秋の朝に訪れると霧に濡れた句碑に朝陽が射し、碑をしたたる露が輝くさまを見ることができるだろう。

朝まゐりはわたくし一人の銀杏《いちょう》散りしく　山頭火

大寶寺の山頭火句碑

第69話　香園寺の種田山頭火

青木亮人

山頭火、遍路へ

〈ひよいと四国へ晴れきつてゐる〉。自由律俳人の種田山頭火《たねださんとうか》がこのような句を詠みつつ広島から愛媛へ着いたのは、一九三九年（昭和一四）のことだった。彼はすでに五〇代半ばで、死に場所を求めるように四国へ渡り、松山の支援者が用意してくれた庵に入ったが、落ち着く間もなく遍路の旅へ出る。一九三九年はかつて自宅の井戸に身を投げた母の四八回忌であり、山頭火は自身の不如意な生活を悔い改めながら亡母の鎮魂を願い、松山から札所を打つことにしたのだ。かような山頭火の訪問を六十一番札所の香園寺で心待ちにする二人がいた。山頭火に私淑する木村無相《むそう》と河村みゆきの両人である。

無相とみゆき

木村無相は熊本に生まれ、父の酒乱等で一家離散の憂き目に遭い、二度の自殺未遂を起こすなど波乱に満ちた前半生を過ごした人物である。人生の袋小路に陥った無相は京都の一灯園《いっとうえん》や岡山の金光教に身を寄せた後、四国遍路を思い立ち、その縁で香園寺の世話になった。香園寺住職の山岡瑞円《ずいえん》は一灯園主宰の西田天香《てんこう》と親交があり、無相はその伝手を頼って香園寺に拠ったのだろう。香園寺には瑞円創設の三密学園があり、無相はそこで真言宗の勉学に励んだ後、各地の寺院で修行しつつ放浪の旅を続けるなど解脱と求道の日々を送っていた。

無相は詩歌趣味があり、自由律俳誌「層雲」を読むうちに山頭火句に惹かれるようになる。無相からすると、山頭火は解脱を求めては業と煩悩に苦しむ姿を〈**分け入つても分け入つても青い山**〉等で詠み続けていると感じられたため、文通を通じて山頭火と交流を深めて私淑した。その山頭火が秋に松山から札所を打ちつつ香園寺に寄る予定であることを知り、無相は香園寺で彼を待つことにしたのである。彼は蔵書を売り払って一升瓶を幾本も拵え、酒好きの山頭火を歓待する準備も怠らなかったという。

無相とともに香園寺で山頭火を待つ河村みゆきは「層雲」の俳人で、寺の外寮《げりょう》（病室）で結核療養中だった。彼女は紆余曲折を経て京都の一灯園で托鉢生活を送り、そこで知り合った河村恵《けい》雲《うん》と結婚する。やがて恵雲は遍路に旅立ち、香園寺に行脚の荷を下ろして修行に励んだ。後に妻のみゆきも香園寺へ赴き、夫婦で寺院の仕事をしながら修養に勤しんだが、みゆきは長年の清貧生活が崇って結核になり、寺の外寮で病床に臥せることになった。みゆきはその間も句を詠み続け、また「層雲」誌上の山頭火の句に惚れこんだこともあり、秋の山頭火の来訪を心待ちにしたのである。

山頭火、香園寺へ

一九三九年一〇月初旬、木村無相は伊予桜井駅まで山頭火を迎えに行き、連れだって横峰寺へ参拝した後、香園寺外寮の河村みゆきを見舞った。山頭火は病臥の彼女を慰めようと櫨《はぜ》紅葉の一枝と茶店で購ったトマトを土産に携え、みゆきを喜ばせたという。香園寺に着いた山頭火は珍しく足を止めて六泊ほど逗留し、無相とともにみゆきの隣室に寝泊まりした。山頭火はみゆきの気分が良い時には枕頭で俳談等を語りつつ、病室で無相の準備した酒を飲みながら色紙や短冊等に近詠を揮毫した（無相の記憶では〈**この道をたどるほかない草のふかくも**〉等がしたためられたという）。無論、山頭火は逗留中も句作を怠らず、無相とともに奥之院の白滝不動を拝した際には〈**お山しぐるる岩に口づけて飲む**〉と詠み、また境内の風情を〈**雀なかよく霽《は》れわたるおしや**

べり〉その他の句にまとめている。

同時に、山頭火はまだ若い無相の放浪の日々が気がかりだったらしく、深夜に突如彼を起こし、「流浪はいけない、流浪は私一人で沢山だ。どこかに落ち着かなければ」と諄々と諭したという。

自由律と救い

外寮に一週間ほど滞在した山頭火は、〈**蓼**《たで》**に芒を活けそへておわかれの朝**〉と河村みゆきへの餞別句を詠み、香園寺を飄々と去った。名残惜しい無相はともに寺を出て伊予西条手前の加茂川まで随行し、香川方面へ向かう山頭火の後ろ姿を見送った。見事な秋晴れの日だったという。

当時、俳誌「層雲」に集う俳人や購読者は自由律を単なる文芸と捉え

香園寺の山頭火句碑

ず、その一行詩を妄執と煩悩からの解脱を求める魂の吐露と見なす傾向にあった。それゆえに〈**うしろ姿のしぐれてゆくか**〉等を詠み続けた山頭火は、業と因縁に苛まれる人生を背負いながら流浪の旅を続ける先達と仰がれたのであり、「層雲」を通じて木村無相や河村みゆきら熱心な賛同者が現れたのである。

香園寺に逗留した山頭火は、打ち抜きの水汲み場の風情を詠んでいる。当時は観世音の手から水が滴るように設えられており、その様子を詠んだ句だ。山頭火は、観音像に自殺した亡母の面影を見出したのだろうか。

南無観世音おん手したたる水の一すぢ　　山頭火

第70話　香園寺の自由律俳人、河村みゆき

青木亮人

ある自由律俳人

手に孺子の帯の冷たさ女であることを思ふ

病弱の女の身であることに悩み、世をはかなむ日々は終わることなく続いた。幼い頃から病気がちで療養に努めねばならず、人並みの人生を送ることは早くに諦めざるを得なかった。楽しみといえば読書に耽るぐらいで、いつしか尾崎放哉《ほうさい》の自由律俳句が好きになり、〈**山に登れば淋しい村がみんな見える**〉〈**咳をしても一人**〉等を何度も口ずさんだものだ。日陰の道を歩む他ない人間が独り佇み、自らの業に微苦笑するような雰囲気に惹かれたのだろうか。

彼女の名は富田みゆきといい、明治末期に神奈川に生まれ、病がちの前半生を過ごした。結核

の兄は療養中の慰安が句作だったために家に俳句関連の本が多く、みゆきはそれらを読むうちに自由律に惹かれるようになる。やがて兄は病没し、妹のみゆきは快復したが、人生いかに生くべきかという悩みに煩悶した彼女は一切をなげうって京都の一灯園《いっとうえん》に飛びこみ、奉仕生活を始めている。

結婚、香園寺へ

一灯園は西田天香《てんこう》が始めた団体で、世俗の欲や利己心を断って何物をも所有せず、清掃奉仕や托鉢に勤しみ、与えられた環境に自足して感謝と懺悔に生きようとする集いである。みゆきは俗世を捨てて奉仕に励み、現世の煩悶を忘れようと過ごす一方、尾崎放哉の句集で知った自由律が心に残り、放哉が句を発表した俳誌「層雲」に彼女も投句したりした。

みゆきはやがて岡山の金光《こんこう》教で奉仕作業に努め、同じように一灯園から金光教へ移った河村恵雲《けいうん》と結婚する。哲学的な探究心が強い恵雲は四国遍路の巡礼に幾度も赴き、ある時、愛媛の六十一番札所である香園寺で行脚の荷を下ろすことにした。住職の山岡瑞円《ずいえん》は西田天香と昵懇で、教育や教義研究に勤しむ上人だった。恵雲は瑞円の下で信仰を深めることを決意し、岡山のみゆきに寺に来るよう促したが、彼女は渋った。みゆきは病弱であり、それに妻を顧みずに何度も遍路へ赴く夫の身勝手ともいえる信仰態度に嫌気がさし、岡山に留まったのだ。困った恵雲が二人を知る「層雲」会員の木村無相《むそう》に相談したところ、無相はみゆきに手紙を出し、「層雲」で人気を博した種田山頭火《たねださんとうか》の句を引き合いに彼女を説得する。みゆきは敬愛する山頭火句とともに信仰のあり方を説く手紙に感じ入り、岡山から愛媛の香園寺へ移ったのである。

みゆきは寺院で熱心に働き、檀家の人々にも慕われたが、一灯園時代からの質素な生活が災いして結核に罹り、病臥の身になってしまった。彼女は寺の外寮《げりょう》で療養しながら「層雲」に投句し続け、薄幸の病身を僅かに慰めた。**〈死にたいからだが癒えてゆくと日に日に秋の空〉**、死ぬに死ねない病身とともに浮世を過ごすやるせなさを句に託しつつ、うつろいゆく季節の中で病を養うのだった。

山頭火との邂逅

一九三九年（昭和一四）、病床のみゆきに吉報が舞い込んだ。憧れの山頭火が香園寺に来るというのだ（前話参照）。彼は香園寺で病臥のみゆきを「層雲」で知っており、それで見舞おうとしたのである。同年一〇月初旬、日も暮れかかった頃に山頭火は木村無相とともに寺の外寮に顔を見せた。みゆきは病室に山頭火を招き、酒を勧めながら語り合ったという。山頭火は彼女の病状が良い時には話に興じ、コップに注がれた酒で上機嫌になって若山牧水の歌を口ずさんだり、多くの色紙や短冊等に自作を揮毫した。山頭火は寺の人々とも談笑し、それは彼女にとって一生の思い出になった。

山頭火句は香園寺の教団でも人気で、句を詠まない人々も〈**分け入つても分け入つても青い山**〉等の宗教的寓意に感じ入っていたという。彼の句は煩悩と妄執に苛まれる凡人が清浄な境地を希《こいねが》いつつも惑い、彷徨う魂の遍歴であり、それは解脱を求めながら因縁に苦しむ我等の写し絵ではないかというのだ。山頭火自身はかような句解に批判的だったが、彼の句には俳句と無縁の宗教関係者も惹きつける魅力が備わっていたのである。

やがて山頭火は香園寺を去り、みゆきは再び病臥の日々を過ごした。その一年後、思いもしないことが起こった。彼女の枕頭に山頭火の訃報が届いたのである。みゆきは驚きつつも嘆き、山頭火とともに過ごした日々を懐かしみ、彼の成仏を願わずにはいられなかった。

その後もみゆきは病床に臥せながら「層雲」に投句し続けた。〈**いちにち横たへておくからだに秋の白帆がゆく**〉〈**起きて座つてゐる風が丘を越えてゆく**〉……やがて太平洋戦争が始まり、次第に各地が焼夷弾空襲や爆撃に晒された後、日本は敗戦を迎える。世情の混乱が収まり始めた一九四九年、「層雲」に小さな訃報が載った。それは河村みゆきが一九四七年に逝去していたという報せだった。
彼女がまだ存命だった頃、次のような句を詠んだことがある。そのささやかな幸せは、まるで祈りのように感じられる。

菊の香や医者へ行く日の白い足袋はく　　**みゆき**（一九四四年作）

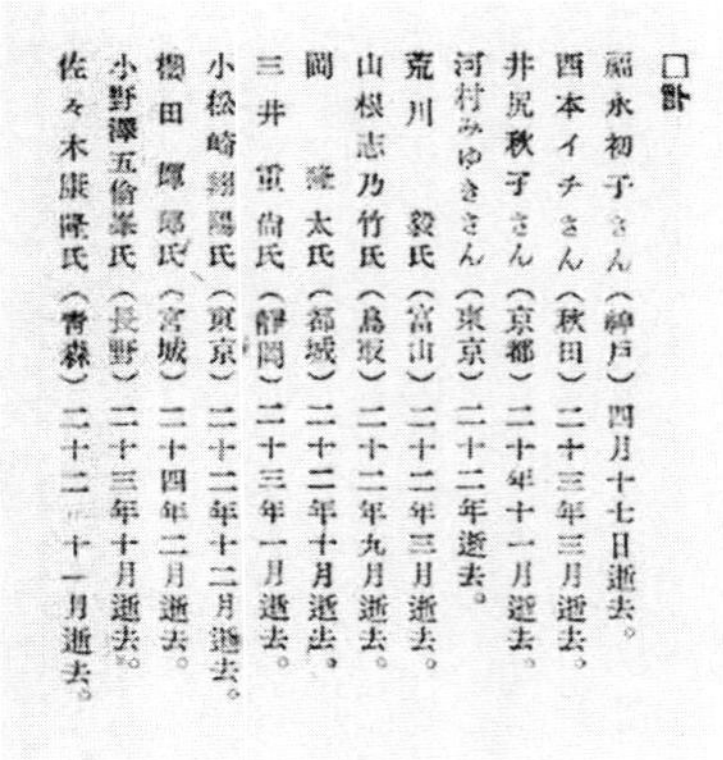
□訃
福永初子さん（神戸）四月十七日逝去。
西本イチさん（秋田）二十三年三月逝去。
井尻秋子さん（京都）二十年十一月逝去。
河村みゆきさん（東京）二十二年逝去。
荒川　毅氏（富山）二十二年三月逝去。
山根志乃竹氏（鳥取）二十二年九月逝去。
岡　隆太氏（都城）二十二年十月逝去。
三井重尚氏（静岡）二十三年一月逝去。
小松崎翔陽氏（東京）二十二年十二月逝去。
櫻田輝郎氏（宮城）二十四年二月逝去。
小野澤五倫峯氏（長野）二十三年十月逝去。
佐々木康隆氏（青森）二十二年十一月逝去。

「層雲」の訃報欄。
右から四番目に見える
（昭和24年5月号）

第71話　西園寺源透の四国遍路資料調査

川島佳弘

西園寺源透の四国遍路研究

松山大学図書館の「西園寺文庫」に「四国霊場史料」と題した一冊の帳面がある。これは伊予史談会の創設メンバーのひとりである西園寺源透《げんとう》（一八六四〜一九四七）が作成したものだ。西園寺は一九三七年（昭和一二）一〇月『伊予史談』第九二号に「四国霊場考」を発表し、四国八十八ヶ所霊場の起源について歴史学の観点から言及した。この論文は地域における遍路研究の先駆的な取り組みとして高く評価できるものである。彼は論文執筆にあたり、四国遍路にかかる古記録や寺院に残る古い年号が記された墨書などさまざまな資料を調査・収集し、その成果を論文の草稿とともにまとめ「四国霊場史料」として残した。

西園寺は「四国霊場考」の序論で「四十九番霊場浄土寺（温泉郡久米村）本尊安置の厨子に古き落書ありと聞き、昭和十一年六月廿八日同寺に抵《いた》り、菅義光師、吉川昌堂師等の援助に依り、辛《かろ》うじて之《これ》を写すことを得た、此落書は好箇の史料で欣喜雀躍措《お》く能《あた》はざる底のものである」と述べ、浄土寺の厨子落書の発見が論文執筆の契機となったとしている。

浄土寺の本堂は文明年間（一四六九〜八七）に再建されたもので、その内部にある厨子は一五二二年（大永二）の造立となる。厨子には一五二五年を最古とする、一六世紀以降の参拝者による墨書（落書）が多数残されている。墨書の記述から居住地や身分など中世の参拝者たちの様相がわかり、四国八十八ヶ所霊場の起源を究明するうえで重要な手がかりとなる。この厨子墨書は、一九六一年（昭和三六）四月発行の『重要文化財浄土寺本堂修理工事報告書』で紹介され一般に広く知られるようになるが、西園寺は報告書より二〇年以上前に墨書の歴史的価値を見出し、四国遍路の資料として論文に掲載していたのだ。

浄土寺本堂の厨子墨書の発見

「四国霊場考」序論によれば、厨子墨書の情報を得た西園寺は、一九三六年六月二八日に浄土寺を訪ね、同寺住職菅義光らの協力を受け調査したという。先の「四国霊場史料」を繙くと「浄土寺厨子落書」の項目があり、厨子を記録した調書が綴じられている。調書の上部にはそれぞれ「富水調《ふすいしらべ》」「竹内武彦氏調」「浄土寺調」と書いてあり、いくつかの調書をもとに考察した様子が見て取れる。

「富水」とは西園寺の号で、彼自身が浄土寺で調査した際の調書と考えられる。つづく「竹内武彦氏調」について調べてみると、この人物は『伊予史談』第八八号（一九三六年九月）に「浄土寺本堂建築年代考」を掲載している。竹内は論文内で「此の墨書は従来知られず、筆者が本堂調査の節昭和十一年六月発見したもので、厨子及本堂の年代考の好個の資料である。年号以外の墨書は略す」と述べ、厨子墨書を紹介している。「竹内武彦氏調」の調書は年代の記録しかなく、筆跡からみて西園寺が竹内論文の成果を記録したものと推測される。残る「浄土寺調」の調書は前のふたつとは異なる筆跡で、最後に六月二七日付の西園寺宛菅義光書簡が付されている。この書簡は「浄土寺調」の調書の添状であり、本文中に「今回竹内氏

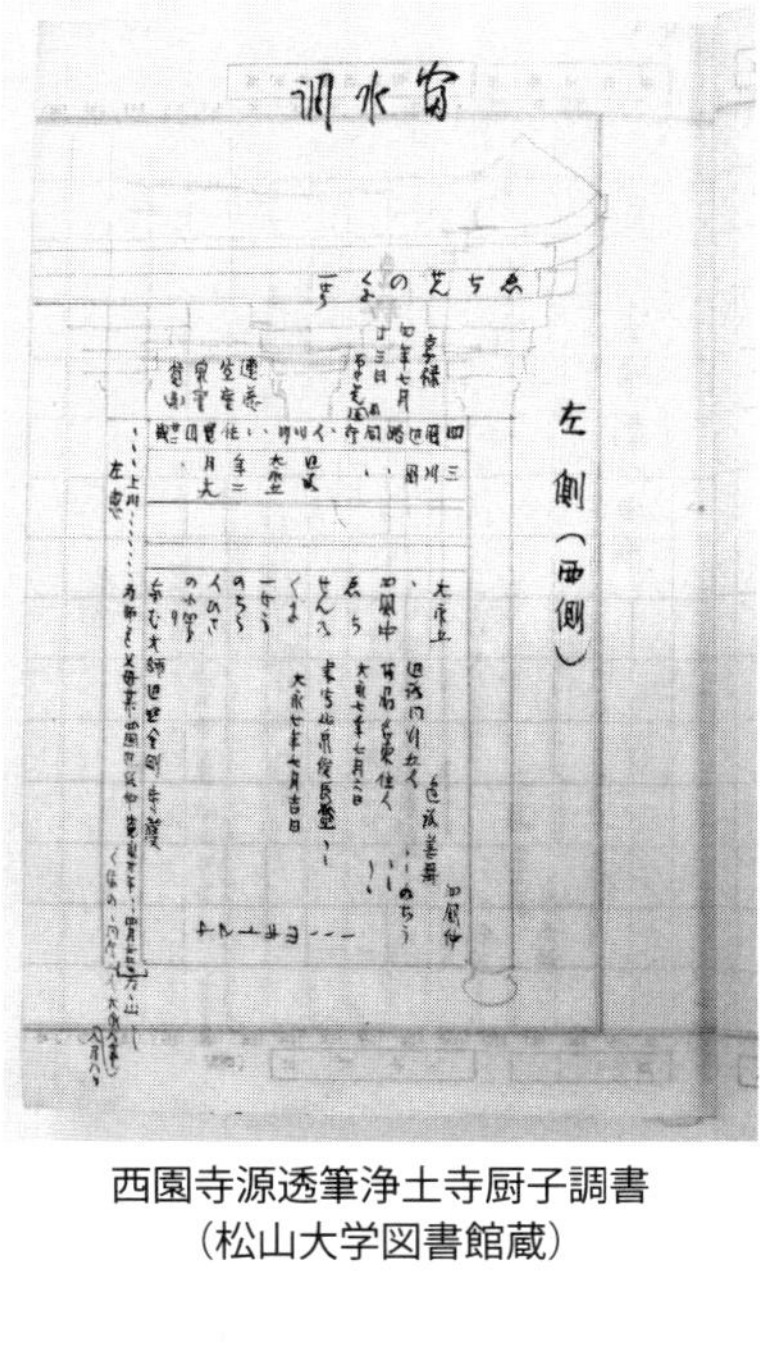

西園寺源透筆浄土寺厨子調書
（松山大学図書館蔵）

の精細なる御調査」とあることから一九三六年のものとわかる。

これらの情報から次のような経緯が見えてくる。一九三六年六月、建築年代特定のため浄土寺本堂の調査をおこなった竹内武彦は厨子墨書を発見する。この知らせを受けた西園寺は、浄土寺に事前調査を依頼、その調書をもとに六月二八日に現地で調査をおこなった。厳密に言えば厨子墨書の第一発見者は竹内となるが、現在遍路研究で活用されているような歴史的資料のかたちで紹介したという点では西園寺がはじめてといえよう。

西園寺源透の調査成果の活用

厨子墨書は長い間、複数の人間によって不規則に書かれているため、ただでさえ文字列のつながりを見極めることは難しい。さらに、経年変化によって文字が薄れて判読できなくなったものも多い。近年実施された調査では赤外線撮影がおこなわれ、肉眼では見えない墨書が新たに明らかになっている。それでは、旧来の手法で調査された西園寺の成果にはいかなる価値があるか。

すでに愛媛県教育委員会の『四国八十八箇所霊場詳細調査報告書　第四十九番札所浄土寺』(二〇二二年)や愛媛県歴史文化博物館の図録『学校の宝物』(二〇二三年)などで指摘されているが、現在の厨子の状況と過去の記録にはいくつかの相違点がある。以下に列挙すると、①枇杷板の墨書「享禄四年七月…」と「連蔵、空重…」が、東西反対でかつ左右の順序が逆になっている。②東側上部桁「金剛峯寺…大永八年五月九日」、③東側台輪「金剛峯寺…大永八年五月九日」、④西側上部桁「ゑちせんのくに《（越前国）》一せう《（乗）》」の墨書が現在確認できない、などでいずれも厨子上部に集中している。

　これらの原因として、工事など修繕の際に部材が組み変わった可能性や経年変化の影響などが考えられる。しかし、実際に厨子を元通りの状態に復元することは不可能といえる。そうしたなか、西園寺の調書は厨子墨書の最古の記録として、過去の状況を確認するための貴重な手がかりとなる。先人たちの遍路研究の足取りを辿ることで、他にも新たな研究のヒントがみつかるかもしれない。

第72話　ハワイからの四国遍路巡拝団の歴史

モートン常慈

ハワイの写し霊場の始まり

ハワイから四国霊場八十八ヶ所を巡拝するために来日した集団の歴史について考察する。ハワイの写し霊場については、星野英紀氏や近藤隆二郎氏などの先行研究があるが、ミニチュア巡路やお砂踏み巡礼を作るために四国の霊場からいつ土が採取され、ハワイに持ち帰られたかについては、これまで誰も明らかにしてこなかった。ハワイから巡拝団が四国に来たという短い記述はいくつかあるが、彼らはいつ来たのか、どれくらい滞在したのか、何人が参加したのか、巡礼ツアーの様子はほとんど証明されなかった。ここでは、その詳細を初めて提示する。

ハワイの仏教の歴史～明治時代から一九三〇年代まで

一八六八年からハワイへの移民が始まって、約三〇年後、徐々に様々な仏教宗派の僧侶がハワイで布教活動に努めていた。一九〇二年に真言宗の僧侶がハワイに行ったが、布教所が創立されたのは一九一四年であったと言われている。ハワイからの巡拝団についての最初の手掛かりは、一九二三年四月九日の日布時事新聞に掲載されている。その次の記述は、一九三一年にドイツ人アルフレッド・ボーナーが出版した本に「日本の各地から海外に渡ったハワイ移民の集落の中には、毎年誰かを八十八ヶ所に派遣する協会がある。」とあるが、協会の詳細は分からない。四国へ行った巡拝団について、具体的な手掛かりは、ハワイ真言宗の前にあるオベリスクや寺院の僧侶による証言がある。オベリスクについて、僧侶は「一九三四年にメンバーが初めて四国だけでなく、京都や和歌山を訪れたことを記念して依頼されたオベリスクだ。」と言った。

第二次世界大戦以降

ハワイのハレイワ真言宗の秋山泰憲師によると、第二次世界大戦前、日系人が日本に帰ることは費用の面で非常に困難であったそうだが、戦後、日系人がハワイやアメリカ本土にあった収容所から家に戻った後再び、巡礼団が組織され、四国へ行くようになったと述べている。戦後、巡拝団が四国に行ったことだけでなく、四国遍路に関わる様々なイベントがハワイで実施されたことが分かった。例えば、一九四六年にカウアイ島ワイメアに「ワイメア真言寺八十八ヶ所」巡りが設立されたことや、一九四九年六月にハワイ真言宗と弘法大師の信者は、弘法大師の誕生日に合わせて特別な礼拝を行ったこと、弘法大師が創建した四国八十八ヶ所のお寺を巡るミニ巡礼が行われた。

次に一九五一年の記事で、別のグループが翌年に四国に来たことが分かる。そのグループは一九五二年の三月末に横浜港に着いてから、東京、奈良、大阪を見物して四国の高松に行くと書いてあった。一九五三年四月二六日、伊予鉄バスが初めて四国遍路バスツアーを運行したことはよく知られているが、そのツアーが出発した数日後にハワイからの巡拝団がシボレー三台で四国を廻ったことは知られていないようだ。一九五四年にもハワイからの巡拝団が四国に来た。一九五五年の巡

ハレイワ真言宗弘照寺巡拝団・1961年
（秋山泰憲提供）

拝団ツアーの詳細については、いくつかの新聞記事等の情報源がある。一九五六年の春に一三人という巡拝団が四国遍路したことが分かる。一九六一年の巡礼ツアーについて著者は、当時先達をされた秋山泰憲氏から一九六一年九月末に松山城の前で撮った参加者の写真を頂いた。

伊予鉄道観光が提供した「一九五三年〜二〇〇九年の間―「ハワイ巡拝団について」」の表をみると、一九八九年まで次の巡拝団ツアーが来なかったと書いてあるが、一九六三年にハワイ巡拝団が訪れている。しかし、彼らは伊予鉄バスではなく瀬戸内バスを利用したそうだ。一九八九年の巡拝グループについては山谷敏夫『フォトエッセイ・四国は、今』に紹介されている。二〇〇二年の伊予鉄巡礼ツアーの詳細は分からないが、二〇〇六年の巡拝団については『へんろ』二七三号に取り上げられた。

また、二〇〇九年と二〇一三年にハワイ弘法寺からの「高野山と四国遍路」ツアーが実施された。二〇〇九年に八十八ヶ所の半分の寺院を訪れた。二〇一三年の九月一九日から一〇月一日までのツアーは愛媛県の四十五番札所岩屋寺からスタートして、八十八番札所大窪寺で終わったが、その後、参加者は神戸、大阪、高野山、奈良、伊勢神宮、名古屋城などの観光地に行った。

二〇一七年九月一七日のホノルル・スター・アドバタイザー新聞にＪＴＢが企画した「四国遍路」ツアーの広告が掲載されていた。そのツアーの日程は二〇一八年四月九日から一六日の間で、一番札所から三十二番札所を訪れる予定で、二〇人までのツアーだった。しかし、実施されたかどうかは分からない。

巡拝団歴史の発見

ここでは、ハワイからの四国遍路巡拝団の歴史を紹介した。今まで四国巡礼バスツアーが一九五三年に始まったと言われてきたが、それ以前の大正時代から巡拝団が存在したことが分かった。ただそれらの記述は詳細のものが少ないことが残念である。しかしながら約一〇〇年前からハワイの真言信者にとって八十八ヵ所巡礼が特別で非常に尊い行いであることを物語っていると言えよう。

第73話　愛媛の椿堂と「ホトトギス」の俳人たち

青木亮人

椿堂の句碑

四国中央市の常福寺は四国別格二十霊場で、通称椿堂といわれる。三角寺から雲辺寺へ至る遍路道沿いにあり、金生川《きんせいがわ》の近くに佇む寺院だ。かつて弘法大師が四国順錫中にこの地へ寄った際、オコリ（マラリア病）の流行で人々が苦しんでいた。そこで大師は杖を逆さに地面に挿し、病を大地に封じ込めたという。その杖からはいつしか椿の芽が吹き出し、やがて大きな椿の木となった。人々は大師御杖《おつえ》椿と崇めてその霊徳を忘れず、常福寺を椿堂と呼び習わしたのである。

大椿は江戸後期に火災で諸堂とともに焼失したが、再び芽吹いて育ち、今も境内に椿の木が茂っている。境内には複数の句碑が建立されており、〈**明月やしたたる如き椿の葉**　**龍子**《りゅうし》〉〈**まかがやく椿の花に合掌す**　**正一郎**〉といった句が刻まれている。他にも俳句結社「ホトトギス」主宰の高浜虚子等の句碑が並ぶが、かつて常福寺住職だった石川椿が「ホトトギス」の俳句を嗜んだため、

「ホトトギス」関連の句碑が多数建立されることになったのだ。

川端龍子らが訪れる

住職の石川椿は、同郷の四国中央市出身である深川正一郎に俳句を学んでいた。正一郎の実家は椿堂近くを流れる金生川のやや下流にあり、「ホトトギス」の高浜虚子を師として熱心に句作に励んだ俳人である。一九五三年（昭和二八）の春、椿堂の石川椿はその深川正一郎から相談を受ける。画家の川端龍子とともに四国順拝をしたいのだが、自動車で巡礼が可能か否かを調べてもらえないかという用件だった。龍子は高名な日本画家であり、また弟の川端茅舎《ぼうしゃ》は「ホトトギス」で天才的な句群を発表した俳人だった。その縁で龍子は「ホトトギス」の表紙を描いたり、また高浜虚子や

椿堂と大師御杖椿（撮影：胡光）

正一郎とも懇意になったのである。

戦後まもない昭和二〇年代、自動車を駆って札所を打つ遍路は稀であった。それゆえに情報がなく、石川椿は実地で歩いて調査した後、自動車の順拝は可能と正一郎に伝えたという。連絡を受けた正一郎一行はさっそく同年に遍路を打つこととし、秋に椿堂にも伺いたい旨を石川椿へ手紙を送った。当時、龍子はすでに高名な日本画家だったため、石川椿は知り合いから「君の寺に来るような人物ではない、それは偽物だ」と諭されたという。しかし、石川は玄関や奥座敷を畳替えするなどして歓待の準備を怠らなかった。果たして一九五三年秋に龍子や息女の紀美子、そして正一郎が椿堂を訪れ（全員本物だった）、皆で歓談に耽った。龍子は畳替えまでして迎えてくれたのは初めてと非常に喜んだが、石川椿は後に大僧正から「管長以上のもてなしだ」とお叱りを受けたという。

椿堂への挨拶句

椿堂を訪れた正一郎一行は句を短冊にしたため、もてなしの礼も兼ねて石川椿に手渡した。石川はぜひ句碑にしたいと願い、龍子一行も快諾したため、一九五六年に龍子の句碑を境内に建立する。その後、石川椿は俳句の師である深川正一郎や高浜虚子、また今井つる女（虚子の姪）や酒井黙禅（松山の赤十字病院院長で「ホトトギス」俳人）らの碑も次々と建立したのである。

境内に建つ川端龍子の〈**明月やしたたる如き椿の葉**〉は、訪れたのが秋の名月の頃だったため、真如の月光が境内に降り注ぎ、椿の葉はしたたるように光り輝く……と詠んだ作品である。同じく境内に立つ深川正一郎の〈**まかがやく椿の花に合掌す**〉は、今も花咲く御杖椿は真の輝きを放つように美しく、その大師ゆかりの花に心を込めて合掌したという句意であろう。彼等の椿堂訪問は秋だったが、正一郎は春に咲くであろう椿の花を思いやって詠んだと推定される。

龍子や正一郎は弘法大師ゆかりの椿の風情をかように詠むことで椿堂を言祝《ことほ》ぎつつ、一行をもてなしてくれた石川椿への感謝の念を伝えたのである。椿堂を訪れた一行は心情の赴くままに詠んだのではなく、いわば土地讃《ぼ》めとして椿や常福寺を称えたのであり、そのように詠むことで土地や歓待してくれた石川椿への挨拶としたのだった。その点、龍子や正一郎のような句は文学作品として優れているか否かを閲するのではなく、土地讃めの挨拶句と捉えるべきであり、そのように見なした方が椿堂に建つ句碑の風情を味わいうるだろう。

秋の遍路の風情

戦後に自動車で遍路を経巡った深川正一郎一行は八回に分けて札所を打ち、約六年の歳月をかけて打ち終えている。彼らは秋に訪れることが多く、遍路道沿いや寺周辺には曼珠沙華が燃えるように咲き乱れていたという。

秋の遍路は春と異なり、一種の侘しさがつきまとう。深川正一郎の次の句は椿堂で詠んだ挨拶句と異なり、遍路順拝のはるかな旅路に就く人々の切なさや孤独を秋の情景に溶けこませている。

曼珠沙華腐《くだ》ちゆく野を遍路行　　正一郎

第74話　映像資料にみる四国遍路

中川未来

テレビがうつす四国遍路

一九五三年（昭和二八）に放送が始まって以来、テレビ番組は様々な視点から四国遍路を取り上げてきた。近現代の四国遍路を考察するためには、文献資料のみならず写真やラジオ、テレビ番組といった映像・音声資料も歴史資料として活用する必要がある。

なかでもテレビ番組、とりわけドキュメンタリーは、社会が大きく変化した高度成長期以降の四国遍路の実態を記録している。さらにそれは〈四国遍路〉という表象の変化を検証することができる貴重な歴史資料でもあるため、今回はＮＨＫによる番組の例を紹介したい。閲覧に際してはＮＨＫ番組アーカイブス学術利用トライアル（二〇一九年度第三回、大阪放送局）を利用した。

①「日本風土記　四国の遍路たち」

一九六〇年五月二〇日放送（総合）の①は、高度成長期の初め、四国遍路の観光化が進みつつあった時期に作成された。注目すべきは巡礼者の装束である。

現在一般的な白装束は、戦後の観光化のなかで伊予鉄道など観光バス会社が広めたものであり、それ以前は紺絣《こんがすり》など日常の衣服が着用されていたとされる。実際に①では圧倒的に従来の衣服をまとった巡礼者が多いが、一方でカメラは巡礼者が旅行業者に白装束を配付され現地で着替える様子も捉えている。ナレーションで「白衣、手甲《てつこう》、脚絆《きやはん》、環袈裟《わげさ》の衣装」が強調されたように、テレビ番組は当該期に形成され始めた〈遍路＝白装束〉という〈伝統〉を広めた媒体でもあった。

語りで特徴的な点は〈好奇の視線〉である。①は「長い巡礼の旅も終わりました。毎年何十万を超えるという悩める人々、そしてその人々を送り迎える四国。そこにはいわゆる常識では割り切れない世界が今も生きているのです」と締め括られる。高度成長期には都市部への人口集中が急速に進んだ。〈都市〉とは異なる世界＝四国に〈あるべき美しい日本〉というイメージが重ね合わされるのである。

②「新日本紀行　お接待船団 和歌山県有田地方　徳島県鳴門市」
③「新日本紀行ふたたび　ＮＨＫアーカイブス　お接待へいざ　和歌山県有田地方」

有田接待講を取り上げた②は一九七五年五月一九日に放送（総合）され、約三〇年後を追跡取材した③も作成された（二〇〇九年五月三〇日放送・総合）。②では装束がほぼ白装束に統一されているが、観光化は必ずしも肯定されているわけではない。接待講の一人は「遍路自体が変わった」と述べ、バス遍路への違和感も示している。このような観光化への危機感が、四国遍路の〈伝統〉が強く意識される背景にあったとも考えられる。

②では般若心経が紹介される場面も重要である。札所で般若心経を唱える習俗は明治期に真言宗が広めたという説がある。しかし①で確認されるのは未だ和讃の詠唱である。般若心経が一般化する過程は検討の余地があろう。

③は、②で接待講世話役として登場した人物の

一九七〇年代の国鉄バス記念切符
（モートン常慈コレクション、
四国遍路・世界の巡礼研究センター蔵）

ご子息N氏を軸とする番組である。重視すべきは、N氏が接待の意義として「心を運ぶ」を強調する点である。先代の接待は「欲得づくではない」とされ、接待講を引き継いだので父の気持ちを理解でき、巡礼者と「心が通じた」と語られる。これを受けナレーションでも「お接待の心が春の札所を包みます」と総括している。〈心〉を強調する遍路言説のなかで、接待が理解されるのである。

④「新日本紀行　白い旅人たち　四国遍路みち（1）（2）」

⑤「新日本風土記　四国遍路」

このような言説は、一九七八年四月五日・一二日に放送（総合）された④にも見いだされる。そこで四国遍路は、「四国路のぬくもりが心に通う道」「様々の願い、様々の出会い。四国遍路の一筋道は訪れる人を包み込む明るくはるかな道のりでした」と表象されている。

他方で具体的に描写されたのは、巡礼者の抱える〈苦しみ〉である。病気や生活苦の他に、戦争でただ一人生き残った元隊長、障がいをもつ青年など多様な苦しみのかたちを番組は紹介する。しかし苦しみの解消は〈信仰〉の次元ではなく、より一般化された〈心〉の次元に委ねられる。その背景には、四国遍路をツーリズムの一環として捉え直そうとする意識が存在した。

「四国遍路開創一二〇〇年」キャンペーンのため、二〇一五年一月九日に放送（総合）された⑤もその延長線上にある。四国遍路は「心も体も元気になるお四国病院」とされる一方、①～④で描かれた巡礼動機に関する具体的言及は回避されている。逆に打ち出されたのは「思いがけない出会いが旅するあなたを待っています」「苦しみの中にあるもの　病み疲れた人を包み込む」など、地域振興に適合的な「出会い」「癒やし」「国際化」につながるキャッチフレーズである。

④⑤では圧倒的多数が利用する自家用車や団体巡拝バスについては触れられず、〈歩き遍路〉に焦点が絞られている点も特徴である。①で団体巡拝バスは中高年層や女性の利便性を増すと肯定されていたことを考えると、〈歩き遍路〉言説の変遷も今後の研究課題となるだろう

第75話　戦後日本における遍路の記憶 ――『砂の器』の本浦父子像――

中根隆行

四国遍路と漂泊者のイメージ

松本清張の社会派推理小説『砂の器』は、一九六〇年（昭和三五）五月から計三三七回にわたって『読売新聞』夕刊に連載され、単行本は七三年までに一六六版を数えたという。現在まで映画・ドラマ化も相次いでいる。東京の国鉄蒲田駅構内の操車場で起きた殺人事件を発端に、ズーズー弁と「カメダ」という言葉を手掛かりにして、若き音楽家である和賀英良（本浦秀夫）の犯行に警視庁の今西刑事らが迫るミステリーである。本浦秀夫は戦前、ハンセン病者の父・千代吉とともに故郷を追われ、遍路姿での流浪生活を余儀なくされた。その過去を隠蔽するために戸籍を捏造して和賀英良となる。その前に現れたのが、かつて島根の亀嵩《かめだけ》で彼らを救った恩人の元巡査で被害者となる三木謙一である。そして、私たちがよく知る『砂の器』の遍路姿の父子像は、高度経済成長期のプリズムを通した戦前における遍路姿の漂泊者のイメージである。

四国遍路は、ハンセン病者のみならず、故郷を追われた者や疾患病苦を抱えた者、生活困窮者などが歩く道でもあった。今日の一般的な遍路に対して、上原善広はこれを「辺土《へんど》」と呼ぶ。「かつて「へんど」と呼ばれた遍路で生活している者のことだ。草遍路、乞食遍路、プロ遍路、職業遍路、生涯遍路とも呼ばれる」(『四国辺土』二〇二一年)。四国遍路とハンセン病者については、高群逸枝《たかむれいつえ》『娘巡礼記』(一九七九年)や和田性海《わだしょうかい》『聖跡を慕うて』(一九五一年)にも記述がみられる。前者は徳島那賀郡の農家で出会った一人遍路、後者は足摺岬へ向かう途中で出会った母子三人遍路であった。また、宮本常一『忘れられた日本人』(一九六〇年)では「昔はカッタイ道だけを歩いても四国八十八カ所をまわることができた」という地元住民の話が記録されている。「カッタイ」は「癩《らい》」を指す古称、「へんど」は遍路する人を蔑む語であるが、ハンセン病者の遍路にも使われたという。以上については今野大輔、関根隆司らの論考に加えて、石井光太の小説『蛍の森』(二〇一三年)に詳しい。

映画『砂の器』の本浦親子像

もとより、本浦父子の遍路旅は、石川・山中町から島根・亀嵩までであって四国ではないし、この遍路姿の父子像が知れ渡ったのは、松本清張の原作というよりも、そのアダプテーションである映画『砂の器』（一九七四年）の影響が大きい。原作で遍路の語が使われるのは一か所に過ぎない。「本浦千代吉は、発病以後、流浪の旅をつづけておりましたが、おそらく、これは自己の業病《ごうびょう》を治すために、信仰をかねて遍路姿で放浪していたことと考えられます」（『松本清張全集5』一九七一年）。他方、映画では、脚本家の橋本忍の発案で捜査会議の場面が改変され、原作にはない和賀英良のピアノ協奏曲「宿命」の演奏シーンと本浦父子の遍路旅のシーンが新たに加えられ、四〇分以上にわたるクロスカッティングとして仕上げられている。この映画の有名なクライマックスである。

映画における遍路旅のロケーション撮影は、厳冬の津軽海峡、信州路の春、新緑の北関東、夏の山陰、そして秋の北海道阿寒に及び、移りゆく四季とともに父

歩き遍路をする愛媛大学生（撮影：胡光）

子が日本各地を経めぐる構成となっている。監督の野村芳太郎は、西国三十三所巡礼や四国遍路に比して、本浦父子の遍路旅は「全くでたらめ」だと断ったうえで、こう述べている。「然し此の映画に出て来る様な、いわば故郷を捨て末は旅路の果てに野たれ死をする様な巡礼の姿を、あの映画の様に鎮守の森の社の縁下に私も子供の頃見た様に思います。子供の乞食をからかって、その親の乞食が杖を振り上げて追って来た記憶はシナリオの橋本さんのものです」(「『砂の器』に見る巡礼の姿」一九七八年三月)。映像化された本浦父子像は「いわば此の様に作る私達の巡礼の記憶や夢の集大成」だというわけである。

過去からの訪問者

この記憶のコラージュとしての遍路像は、映画『砂の器』の大ヒットによって、個人の曖昧な記憶の域を超え、社会的な記憶となって流通する。それを作家や制作者側にのみ帰すことはできない。そこには多くの人々の心情や願望を代弁した何かがあるからだ。内田隆三『国土論』(二〇〇二年)は、『砂の器』に加えて、水上勉『飢餓海峡』と森村誠一『人間の証明』を例に挙げ、この時期の大衆的な人気を博したミステリーには、ある「説話」の反復が指摘できるという。過去から善意の訪問者がやって来る。それは家族かそれに類する人物である。だが、暗い過去を捨て成功者となった主人公は、その絆を断ち切るかのように過去からの訪問者を抹殺してしまうというものである。『砂の器』では戦前、ハンセン病者の父とともに不当な差別を受けながらも遍路姿で流浪するほかなかった過去が重要となる。ピアノ協奏曲「宿命」とともにスクリーンに映し出される本浦父子像は、いわばそのようにあったであろう戦前の遍路の記憶として観客の脳裏に刻まれたのかもしれない。それでは、観客たちは、遍路姿の本浦父子の映像にどのような個々の心情や願望を仮託したのだろうか。

第76話　現代も続く「行き倒れ遍路」の供養

大本敬久

「遍路道」を外れた地域での遍路供養

現在、ユネスコ世界遺産の登録を目指している四国遍路。史跡としての「遍路道」や有形文化財としての四国八十八ヶ所の札所寺院の建造物等だけではなく、地域の中で現在にまで継承されてきた「生きている伝統を表す資産」である「お接待」、「善根宿」、「遍路墓の供養」などの無形民俗文化財の要素も大切な文化遺産である。

愛媛県西予市野村町惣川《そうがわ》では現在も「お接待」が行われている。惣川は四国八十八ヶ所霊場を結ぶ遍路道からは離れた四国山地に位置し、現在では遍路が歩いて通過することはほぼ無いが、一九五〇年（昭和二五）頃までは遍路が歩いて通過していたという。この惣川の寺組にある大師堂（木造弘法大師坐像を祀る）において毎年八月二一日、この日を「お大師様の縁日」といって「茶沸当番」や「大師堂接待係堂番」という呼称の当番で、自家製の釜炒り番茶、赤飯（約四升）

等を接待している。この八月二一日には大師堂前で念仏踊も奉納される。地区内の安穏を祈願するとともに、当番が所持する文書類に残されている「念仏台帳」を確認すると、踊の奉納目的が「遍路供養」とも記されている。

一八世紀初頭の辺路供養塔

そして惣川の大師堂前には一七一三年（正徳三）建立の遍路供養塔があり、念仏踊はその石塔を回るように行われる。碑文には「南無大師□照金剛　奉納四国辺路二世安全　正徳三年巳三月吉日　□主喜左衛門」と刻まれており、一八世紀前半にこの惣川を訪れた辺路（遍路）が死亡して建立され、念仏踊もその行き倒れた者の供養の目的もあったと考えられる。惣川には、別に遍路を供養する堂があり、地元では「へんどくえお堂」と呼んでいる。「くえ」とは供養の意味で、遍路供養堂ということになる。そこには

惣川の念仏踊（2022 年撮影）

一八〇四（文化元）建立の石造地蔵菩薩立像一体が祀られており、その石仏前面に、「菅生山迄八リ　右へんろ道、文化元子十月廿一日、施主　与三へ」と刻まれている。これは遍路道標としての機能も持っており、一九世紀初頭に惣川を歩く遍路がいたことがここから証明することができる。

この惣川の「お接待」や、行き倒れ遍路の供養を兼ねた念仏踊、そして遍路が道中を迷わないように道標を建立することなど、霊場と霊場を結ぶ遍路道から外れた地域にも、四国遍路に関する文化が定着している事例は多く、四国遍路を単なる「道文化」としてとらえるだけではなく、四国全体を面としてとらえて、各所に残る遍路文化の存在を確認していく必要はあるだろう。

惣川の遍路供養塔
（2022 年撮影）

現在に続く遍路墓での供養

また、愛媛県西予市宇和町岩木には、地元の寺院の安養寺が、九州からの遍路が現在の西予市宇和町から八幡浜市方面へ通っていた笠置峠《かさぎとうげ》（国史跡「伊予遍路道　八幡浜街道笠置峠越」として指定）へ通じる道沿いに位置している。この寺は臨済宗ではあるものの、境内に弘法大師を祀った大師堂が建てられており、その堂内には遍路の納札が何重にも貼り重ねられている。そして笠置峠には、数基の遍路墓が現在でも祀られている。その内の一基は、一九〇五年（明治三八）に北陸からの父娘遍路が岩木を訪れたものの、一四歳の娘が難病で、個人宅の納屋で休ませるも死亡してしまった。その娘の墓である。死亡後、住民は岩木河内の勝光寺裏山に埋葬したが、昭和に入ってからも遺族と付き合いあり、山中で一人では淋しいだろうということで、他にも遍路墓が祀られている笠置峠に改葬した。埋葬した家では代々、現在でも墓に樒、水を供えるなど供養を続けている。

「生きた文化」としての遍路供養

このように行き倒れの遍路を埋葬して石塔を建立した遍路墓については、四国各地で調査が進み、報告事例が数百件規模にのぼっているが、埋葬の状況や、その後の供養の具体的な様子、変遷、そして、岩木の事例のように、現在でも遍路墓に対して、水、樒、食べ物を供えるなど、祀り手がいる可能性もあり、こちらも「生きた文化（living culture)」である場合がある。遍路墓を石造物という物質文化としてとらえるだけではなく、現在の祀り手の有無についても確認調査が進められるのが望ましいだろう。また、物質文化としてとらえた場合でも、いまだ四国内の遍路墓を総括した一覧データの集積や分析は充分に行われていないという課題もある。

また、香川県さぬき市長尾の高地蔵では遍路を供養する年中行事「流れ灌頂法要」(さぬき市無形民俗文化財)が毎年三月一三日に行われるが、ここには文久年間(一八六一~四)に芸州(現広島県)山県郡中原村の忠左衛門を供養する遍路墓があり、地元の弁蔵、伊三良の発起で建立された。そして三ヶ村(長尾名村、長尾西村、前山村)の有志が村境に流水灌頂の本尊として高地蔵を建て、行き倒れの遍路を供養したのが始まりとされている。僧侶による遍路、家族供養、諸願成就の読経の後、参加者全員で卒塔婆を巡り、樒で注ぐ流水灌頂が行われている。このように、遍路供養の儀礼が現在にまで継承されている事例は四国各所に見られるのである。

第77話　大島の島四国と「お接待」・「善根宿」

大本敬久

「お接待」・「善根宿」

　四国遍路の世界遺産登録に向けて取り組むべき課題となっている「顕著な普遍的価値」を証明するためには、史跡、名勝、建造物等の文化財の保護措置を講じた上で、四国遍路が今なお継承されるLiving Culture（生きた文化）としての巡礼の代表例であり、地域と共存した文化遺産であることを示していく必要がある。そのために、世代を超えて現在まで継承された民俗文化の視点でも四国遍路の特徴を明確にすることが求められる。そこで今回は四国遍路に関連する民俗文化、特に「写し霊場」と「お接待」の事例を取り上げてみたい。

　日本国内の巡礼で地域に根ざして実施される「お接待」の事例は稀となっており、現代では四国遍路特有の慣習ともなっている。住民が遍路に食べ物や金銭を施すことで、遍路にとっては長距離の旅が保障されると同時に、住民にとっては弘法大師への信仰や家の先祖供養、現世利益につながるという「利益」の側面がある。また、「善根宿」の慣習も四国では今なお継承されている民俗文化であり、一般の民家等に遍路を無料で宿泊させることで先祖供養、現世利益につながり、自ら四国遍路を行うのと同じ功徳があるとされる。

大島の島四国

「お接待」、「善根宿」が見られるのは四国八十八ヶ所の遍路道沿いだけではなく、写し霊場である「地四国」(「新四国」や「島四国」とも呼ばれる) でも盛んに行われている。中でも瀬戸内海の今治市沖の大島(愛媛県今治市吉海町、宮窪町) の島四国で「お接待」が今なお盛んである。

大島の島四国は「へんろ市」とも呼ばれ、毎年四月第三土曜日を初日とする三日間に開催される。開創年

大島の島四国 (2023 年撮影)

は一八〇七年（文化四）で、大島の医師・毛利玄得、山伏・金剛院玄空、津倉村庄屋・池田重太が中心になって創設された。行程は約六三キロで、田浦《たのうら》の正覚庵を一番札所として、そこから島を一周する。現在では、交通の便の良い下田水《しただみ》の四四番を起点とする者が多い。

島四国では、地域の年中行事として、住民が当番で握り飯、茶、菓子を遍路に対して「お接待」する慣習が継承され、また、遍路を無料で宿泊させる「善根宿」の習俗が、瀬戸内しまなみ海道が開通した一九九九年(平成一一)頃まで盛んに行われていた。島四国を訪れる人数等については、古いデータになるが一九八〇年（昭和五五）に吉海町観光協会が調査をしており、来島者は約二五〇〇人で、そのうち吉海町内での宿泊者は一八〇六人、約七〇〇人が日帰り、もしくは宮窪町での宿泊と考えられる。吉海町内での宿泊者のうち旅館を利用したのは二四〇人で、一五五〇人ほどが善根宿を利用したと推定できる。

地域行事としての「お接待」

吉海町仁江《にえ》の平田集落では島四国の際に、地域行事として二つのお堂で遍路に対してお菓子や茶の「お接待」を行っている。五軒単位で当番が回ってくるが、お堂が二つあるので毎年一〇軒が当番にあたる。現在、約三〇軒で回しており三年に一回、当番が回ってくる。「お接待」は個人主体の発意や信仰によって支えられる側面もあるが、地域の中で年中行事化し、輪番で担いながら毎年決まった時期、やり方で実施する仕組みが存在することで、「お接待」が継承されてきたといえる。個人の信仰に加えて、地域内で儀礼化された行為だといえるだろう。

また、仁江では一九六〇～七〇年代は「善根宿」が特に盛んだった。吉海町内には宿泊施設が少ないので、多くの遍路が宿を求めた。遍路が宿泊できるように増築し、数十人の遍路を泊めていた家もあった。親子で毎年来る者もいて、高齢で来られなくなったり亡くなったりしても、子どもが引き継いで宿泊することもある。宿泊した遍路とは交流が続き、毎年泊まる者もいるので「お遍路さんは親戚みたいなもん」だという。

島四国の「お接待」（2023 年撮影）

宿に着くと杖をきれいに洗い、杖を床の間へ大事に飾る者もいて、「お杖はお大師さんだ」ということで大切にした。そして風呂に入り終わると仏壇の前でホトケサンを拝む。拝むのは先祖供養のため、自身の健康祈願のためでもあり、家の者にとってはありがたいものである。夕食、たまには宴会が終わってから、布団を敷いて就寝する。朝、遍路に朝食を出すが、遍路は再度仏壇で拝んで、出発する。遍路は心付けを仏壇に置いていくが、金額に決まりはなく、各々違っていた。宿泊させてもらった御礼のお供えであった。

大島の島四国の「お接待」や「善根宿」は対価を求めるサービス行為ではなくホスピタリティ（歓待）行為である。この歓待文化は、慈悲のもと、完全に無償で施す行為とは限らず、善根宿では宿泊した遍路が家の先祖を供養したり、家の者の健康祈願を行うなど互酬性が見られる点は注目すべきである。宿泊後も遍路と交流が続くなど、遍路は単によそからやってくる外部的存在ではない。家や個人の安寧を得るために住民側が遍路文化を内部化していったと見ることもできる。これこそ、地域と共存するLiving Culture（生きた文化）といえるだろう。

第78話　質問紙調査から見るお遍路さんの信仰心

竹川郁雄

繁多寺での質問紙調査

　現代のお遍路さんの信仰心について、五十番札所繁多寺で行った質問紙調査から見てみよう。調査は、新型コロナウイルス感染症が問題となる前の二〇一九年に実施したもので、回答者は巡拝するお遍路さん四五〇人であった。

お遍路さんの遍路目的

　お遍路さんに「あなたはどんな目的で遍路をしていますか」と尋ねたところ、アンケートで設定した一一の選択肢のうち（いくつでも選択可）、一番多いのが「先祖・死者の供養」（三五・八％）、二番目が「祈願（大願成就）」（三二・七％）、三番目が「健康のため」（二九・三％）となり、「信仰」（一三・一％）は第七番目であった。（グラフ①）これまで二〇〇六年から二〇一八年の間に八回

グラフ① どんな目的で遍路をしていますか

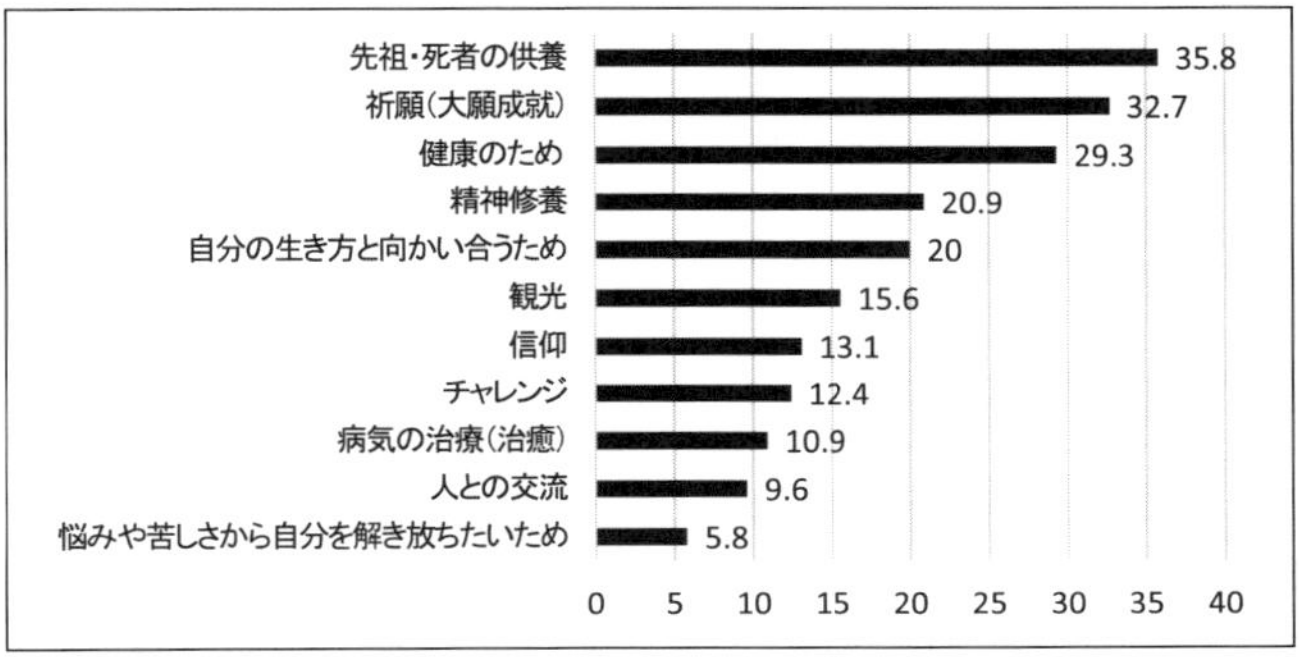

実施した調査において、「信仰」を遍路の目的としている人は、一〇・五％から一四・三％となっており、「信仰」という目的で遍路をしている人は少数派であることがわかる。

般若心経をとなえますか

それでは、四国遍路をするにあたって般若心経をとなえているかどうか尋ねてみたところ、七〇・七％の人が「必ずとなえる」と回答している。（グラフ②）般若心経は難解で知られ、たいていの人はその意味が十分わからないままにとなえているだろう。

この般若心経をとなえる人に対して、となえるのはなぜかを尋ねてみると（グラフ③　いくつでも選択可）、選択したのが多い順に、一・「遍路の作法だから」（六〇・四％）、二・「となえると心が落ち着くから」（二三・八％）、三・「習慣になっているから」（一四・九％）、四・「真言宗の根本経典だから」

グラフ② 般若心経は札所で毎回となえますか

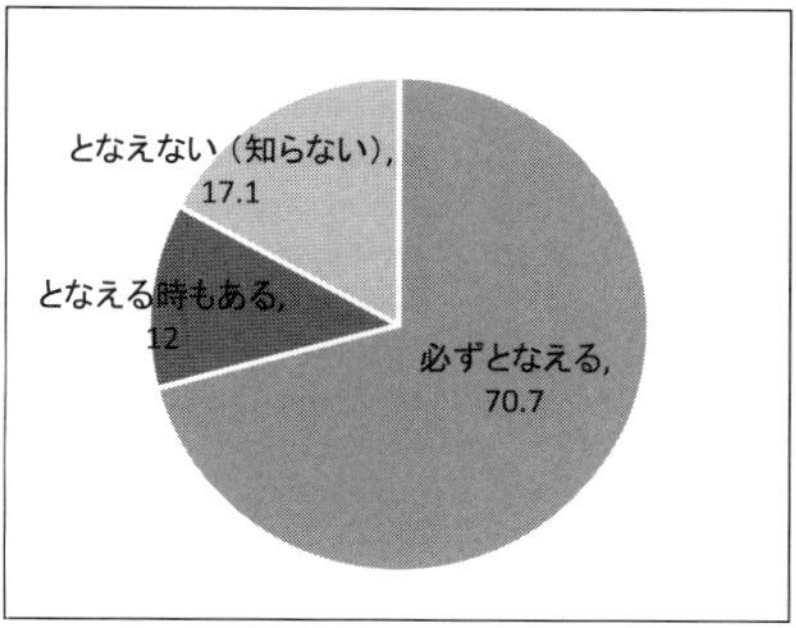

（一二・二％）であった。このことから、般若心経を唱えることに宗教的意味合いは少なく、遍路をすることに伴う作法や読経で得られる心情を大切にしていることがうかがえる。

弘法大師への思い

さらに、「あなた自身、弘法大師への思い（崇敬）は強いと思いますか」という質問を、弘法大師への思いがどれほどあるのか探るために尋ねてみた。その結果、「そう思う」と回答した人は六八・三％で、三分の二以上の人が思いは強いと回答していた。これを年代別に示したのがグラフ④である。年代が高くなるに連れて「そう思う」と回答しており、一〇～三〇代の人は半数以下である。若い人ほど、四国遍路をしていても弘法大師への思いを抱いて巡拝しているわけではないことがわかる。

四国遍路は、弘法大師ゆかりの札所霊場を巡る宗教的行為

グラフ③ 般若心経をとなえるのはなぜですか

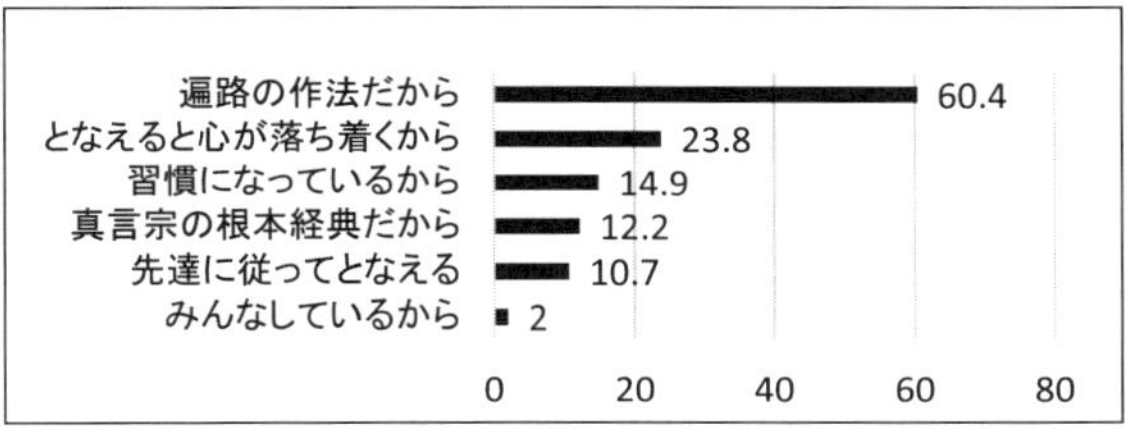

グラフ④ 弘法大師への思い（崇敬）は強いと思う

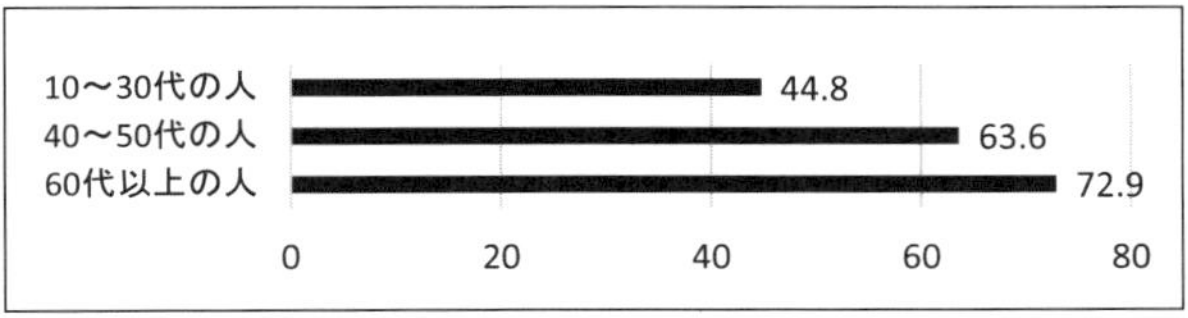

であるが、江戸時代には庶民化して、宗教的意味合いは薄れていった。そして現代においても、信仰という目的で遍路をする人は前述したように少数派となっている。

しかし、信仰という自覚はなくても、年配の人を中心に、般若心経をとなえ、弘法大師への思いを強く持つ人が多くいる。今日の四国遍路は、札所霊場関係の人だけでなく、そのような人たちによって支えられているのであろう。

第79話　賓頭盧尊者像の比較巡礼論

浅川泰宏

なでぼとけ賓頭盧さん

賓頭盧尊者《びんずるそんじゃ》、「びんずるさん」をご存じだろうか。本名はピンドーラ・バーラドヴァージャ。古代インドのヴァッサ国出身で、釈迦の高弟の一人だ。お寺を参拝した時、お堂の外に出家姿の座像がなかっただろうか。おそらくそれが賓頭盧さんである。姿形からよく地蔵菩薩や弘法大師に間違われる。だが体が赤く、お堂の外縁や外陣《げじん》にまつられているという点で判別できる。賓頭盧さんは優れた弟子だったが、酒好きで、お釈迦さんのお叱りを受けた。そのため外にいるのだという。いろんな意味でちょっと気の毒だが、なんとなく親しみも湧く。そんな尊像だ。

賓頭盧さんには独特の民俗がある。体の悪いところと同じ部分をなでると癒やされるという「なでぼとけ」信仰だ。長野の善光寺では、正月に賓頭盧さんを引き回し、無病息災を願う祭りがある。この賓頭盧さんの顔はぎょっとする。そこかしこが摩耗しており、特に目はすり切れて「ない」。

それだけこの賓頭盧さんは長年にわたって人々の健康上の悩みを受け止めてきたのだ。ここに着目すると、賓頭盧像が外にあるのは、酒のせいなどではなく、むしろ自ら進んで「なでられる」ため。つまり、より積極的な衆生救済のためと考えられる。自らの身体をすり減らすことで、私たちの健康祈願に応えてきた賓頭盧さんは、間違いなく仏教でいう利他と慈悲の体現者だ。

現地調査から

賓頭盧さんにはさまざまな巡礼霊場で会える。筆者はかつて愛媛大学の論集で、四国は四三カ寺（四九％）、坂東は十九カ寺（五八％）で、賓頭盧さんがなでられることを明らかにし、大師信仰や観音信仰の枠を超えて巡礼の世界に広く浸透していると指摘した。その後に調査した西国でも二六カ寺（七九％）で賓頭盧さんがなでられた。四国、西国、坂東といった著名な巡礼地では、やはり賓頭盧さんは広く普及している。ところが秩父では賓頭盧さんがなでられるのは二カ寺のみだった。写し霊場ではどうだろう。北海道三十三所は、西国の写しだが大師信仰も色濃い。ここでは賓頭盧さんは九カ寺（二七％）でなでられた。だが山形の置賜《おきたま》三十三所では、賓頭盧さんは皆無（かつての番外札所の亀岡文殊にはある）で、現在調査を進めている埼玉東部の武蔵国八十八ヶ所では未だ一カ寺にとどまる。

どうやら賓頭盧さんの普遍性にも限界があるようだ。さらに巡礼霊場ごとの個性も見えてきた。北海道の賓頭盧さんは全て室内にあった。これは北海道三十三所が寒冷な気候に対応した室内参拝型の巡礼文化を構築してきた一つの証左である。西国では「はたき」や「打ち払い」を使うものや、「古いので優しくなでて」という事例が印象に残った。西国らしい気品と共に、打ち払いを使う理由に「衛生面」をあげた圓教寺の事例を考えると、直接触れることが今後は難しくなるかもしれないという、なでぼとけ信仰の揺ぎも感じられる。

なでぼとけ信仰の今後

そこで気になるのがコロナ禍による文化変容である。二〇二〇年（令和二）春、善光寺では感染拡大

西国二十七番圓教寺の賓頭盧尊者像
「衛生面」を理由として、打ち払い（手前の棒）でなでるようにと説明書きがある。（2018 年撮影）

防止のため賓頭盧さんに「触らないように」という注意書きがされた(『朝日新聞』四月一九日)。坂東でも一番杉本寺や四番長谷寺などいくつかの札所で賓頭盧さんがなでられなくなった。秘仏も少なくない尊像は、まして触ることなど許されないのが通常だ。賓頭盧さんは聖なるものに触れたいという参拝者の願いに応える稀有な例である。コロナ禍を経て、賓頭盧さんは完全復活をとげるのか。あるいは、私たちの「なでぼとけ」に対する思いや感覚に微妙な変化が残ったのか。民俗学者として気になるところである。

※四国と坂東は二〇一二年度、秩父は一四年度、北海道は一六年度、西国は一八年度、置賜は一九年度の現地調査に基づく。

第80話　令和三年坂東丑歳疫病退散祈願巡礼

浅川泰宏

コロナ禍と巡礼の聖年

「聖年」は、ある年を記念して行われる巡礼の祝祭である。御開帳や期間限定の授与品などが実施される聖年は、聖地との特別な結縁の機会であり、巡礼文化の創造や変容の契機でもある。コロナ禍は巡礼の聖年にも大きな影響を与えた。二〇二〇年（令和二）の最上三十三観音子歳《ねどし》連合御開帳や二〇二一年の善光寺前立《まえだち》本尊御開帳が延期を余儀なくされたことは記憶に新しい。このような情勢のなか、坂東三十三観音では、二〇二一年六月から一二月まで「丑歳《うしどし》疫病退散祈願巡礼」を実施した。全ての札所で納経に「疫病退散」の特別印を押し、二三カ寺が御開帳等の独自の記念行事を企画した。そもそも巡礼は、ハンセン病や飢饉と四国遍路の関係のように、災厄に対する祈りの受け皿でもあった。坂東の疫病退散祈願巡礼は、巡礼の伝統的な役割をコロナ禍に呼び覚ます試みとして重要である。そこで筆者は同年一〇～一二月にこの聖年の参与観察を行った。

感染対策

コロナ禍の巡礼でまず目につくのは様々な感染対策である。消毒液の設置、マスク着用の呼びかけに始まり、柄杓《ひしゃく》の消えた手水《ちょうず》、切断・撤去された鰐口《わにぐち》の綱、ビニールシートに覆われた賓頭《びんず》盧《る》尊者像は、首都圏の緊急事態宣言解除（九月末）後も継続する緊張を伺わせた。検温を実施したのは四番長谷寺、十三番浅草寺、十四番弘明寺、十九番大谷寺で、いずれも大都市や観光地に立地する寺院である。大谷寺では「読経はマスクをしたまま観音堂の外で」という指示もあった。同寺は凝灰岩の岩壁に彫られた巨大な磨崖仏が本尊で、観音堂は岩壁に密着する。この特徴的な構造が換気の問題につながるのかもしれない。その他、札所によっては、内拝中止、靴袋の持ち帰り、トイレの閉鎖、納経帳や金銭のトレー、三宝での受け渡し、納経時間の短縮などの対策があった。

疫病退散の祈り

病気や災厄の除去を引き受ける神仏には薬師如来、不動明王、素戔嗚尊《すさのおのみこと》、疱瘡神《ほうそうしん》などがある。

広義の厄除と考えると厄除大師の弘法大師や元三《がんざん》大師もある。コロナ禍で突然世に広まったのが妖怪アマビエだ。近年の御朱印ブームとも融合し、アマビエを取り入れた授与品が新聞やネットで紹介された。二十三番正福寺はその代表例である。アマビエをデザインした「アマビエちゃん」を公式キャラクターとして商標登録し、様々な授与品を展開する。元三大師は一〇世紀の天台僧、良源《りょうげん》の通称である。角《つの》大師や豆大師の護符による厄除信仰がある。十六番水澤寺など複数の天台系の札所では、元三大師の授与品が疫病退散として頒布されていた。一方、真言系の札所で厄除弘法大師を疫病退散の授与品とする例は確認できなかった。薬師如来と疫病退散を結びつけた授与品も確認できなかったが、十番正法寺では本尊と共に薬師如来像の御開帳があった。

災厄に立ち向かう創造力

疫病退散巡礼で印象に残ったのは、コロナ禍で変化した札所の風景と、そこに見える巡礼継続を模索する工夫である。聖年の観点では御手綱《おてづな》（五色の糸、善の綱）・角塔婆《かくとうば》（回向柱）に注目したい。聖像に間接的に触れることで結縁を実現する御手綱・角塔婆は、「触れたいけど触れられない」というコロナ禍の聖年のジレンマを映し出す。今回これらが設置された一三カ寺のうち半数以上で消毒液が併置された。十八番中禅寺の御手綱はさらに革新的だ。本尊の御手から引いた五色の綱の末端部を五色のＬＥＤライトに変換し、その光に触れる装置が登場した。先のジレンマを「非接触で触れる」発想の転換で乗り越えるこの装置は、コロナ禍に立ち向かう創造力が産んだ新しい巡礼文化である。二〇二二年六月、一年遅れで実施された善光寺前立本尊御開帳の帰路に立ち寄った真田神社（長野県上田市）で、撤去された鈴緒にかわって手をかざすことで鈴の音を奏でる装置に「触れた」とき、改めてそう思った。

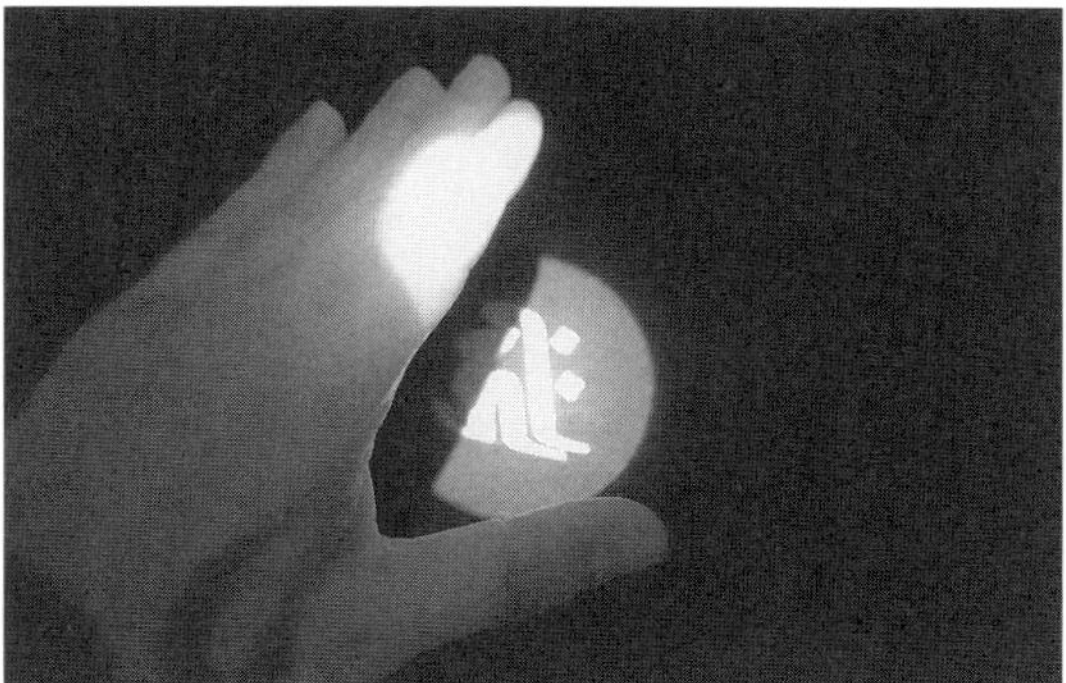

中禅寺のＬＥＤ御手綱
五色（青、黄、白、赤、黒（紫））のうち、赤い綱から変換された赤い光に触れる筆者。梵字キリークは本尊である十一面千手観音菩薩を表す。2021 年 12 月撮影。

第81話　釈迦の故城　――カピラ城跡――

岡本桂典

釈迦の遺跡発見

釈迦を開祖とする仏教が、西域を経て中国、朝鮮半島に広まり、日本に伝来したのは六世紀とされている。

釈迦はインドの北部を巡り歩き教えを説いたとされ、関連する遺跡がインドとネパールの国境付近にある。釈迦は北インドの人物であるが、かつては伝説上の人物とされていたこともあった。釈迦の実在が明らかにされたのは、一九世紀末のことである。一八九六年にネパールのタライ地方のルンビニーで、アショーカ王（紀元前三世紀、マウリア朝第三代王）の石柱が発見され、石柱に刻された古代インドの文字から、ここが釈迦の生誕の地であることが明らかにされた。一八九八年には、W・C・ペッペにより発掘されたインドのウッタル・プラデーシュ州バスティ県ピプラハワー出土の舎利《しゃり》容器に釈迦に関係する銘文が確認され、実在が明らかになった。

四大聖地

釈迦の遺跡は、生誕の地、生育し出家まで釈迦が暮らした故城、出家から悟りを開き教化《きょうけ》巡錫《じゅんしゃく》説法した地、入滅の諸地に大別される。

遺跡は、生誕の地としてネパールの南部のタライ平原の小さな村にあるルンビニー（Lumbini・藍毘尼）、成道（悟りを完成すること）の地として、インド東部ビハール州ガヤ県を流れるガンジス川の支流バルガ川、古称ナイランジャナー河（尼連禅河《にれんぜんが》）の近くにあるブッダガヤー（Buddha-gayā・仏陀伽耶、ボードガヤーとも）、初転法輪《しょてんぽうりん》（釈迦が初めて仏教の教義を説いた）の地としてウッタル・プラデーシュ州、ヴァーラーナシー（ベナレス）の北方約七キロに位置するサールナート（Sārnāth）、入滅の地としてウッタル・プラデーシュ州の東端にあるクシーナガラ（Kuśinagara・拘尸那掲羅）がある。これらを四大聖地（四大仏跡）と称している。

忘れられた巡礼地

釈迦が出家する動機となった四門出遊の故城カピラ城（カピラヴァストゥとも）跡は、インド・ネパールの国境付近に存在したとされているが、その場所については特定されていなかった。

カピラ城跡については、五世紀の法顕《ほっけん》の『高僧法顕伝』に「迦維羅衛(カビラエ)城」、七世紀の玄奘《げんじょう》の『大唐西域記』に「劫比羅伐窣堵（カピラヴァストゥ）國」と記述されており、釈迦入滅後、約一千年は仏教徒の巡礼地であったと考えられ、その時期は一四世紀頃までとされている。

法顕と玄奘の記録には、釈迦誕生地ルンビニーからカピラヴァストゥまでの距離、宮城の建物、城外の僧院などのことが記録されている。

カピラヴァストゥは、一九世紀末頃に再び関心が向けられるようになる。先に述べた一八九八年のピプラハワーの遺跡の発掘で、ストゥーパ（仏塔）から出土した舎利容器に釈迦に関係する銘文が確認され、カピラ城の有力候補地の一つとなった。

また、一八九九年には、P・C・ムケルジィがネパールのティラウラコットを発掘し、この地がカピラヴァス

ティラウラコット（1981 年撮影）

トゥであると推定した。釈迦の故城カピラ城跡は、インドのピプラハワーとネパールのルンビニー県カピラヴァストゥ郡カピラヴァストゥ市のティラウラコットの二つが有力な候補地となった。その後、ピプラハワーは、インド考古局の発掘調査により僧院遺跡と確認された。

ティラウラコットは、一九六七年〜一九七七年に、立正大学により発掘調査が行われ、東西四五〇メートル、南北五〇〇メートルの長方形状の城塞遺跡で、周囲にレンガの壁を廻らし四つ以上の門、そして二つの池、八つの遺丘が確認されている。遺丘の調査で、紀元前四世紀〜三世紀の遺跡であることが確認された。

近年、ユネスコの発掘調査により城塞遺跡であることが確認され、ティラウラコットがカピラ城跡である可能性が高まっている。この地を私が巡礼し祈りを捧げたのは、一九八一年三月四日であった。

第82話　イストモス「巡礼」——ソクラテス唯一の外遊——

齋藤貴弘

古代ギリシアの四大祭典

古代ギリシアの「巡礼」としては、オリュンピア競技祭をはじめとしてピュティア祭（デルフォイ）、ネメア祭、イストミア祭といった全ギリシア人に共有の（パンヘレニックな）神域で行われた「四大祭典」への参加が代表的である。前者二つは四年に一度、後者二つは二年に一度開催された。オリュンピア祭は近代オリンピックのモデルともなり、また、ピュティア祭の行われたデルフォイは神託所としてギリシア世界を超えて名を馳せた。それらに比すと後者二つは「四大」の中ではマイナーな感がある。だが、三度の出征を除き、その生涯のほとんどを祖国アテナイで過ごした哲学者ソクラテスの唯一の外遊先として知られるのが、このイストモスである。

イストモスの神域

イストミア祭は、イストモスというポセイドンの神域で開催された。イストモスはバルカン半島南部のコリントス湾とサロニコス湾に挟まれた地峡にあり、通商の要地として栄えたコリントスの東方一六キロに位置して、祭典は一部の期間を除きコリントスによって主催されていた（残念ながら筆者は、コリントスまでしか訪れたことがない）。

イストモスはポリスと呼ばれる都市国家が登場する以前から聖地として機能していたことが窺えるが、前五八二年に二年に一度のパンヘレニックな祭典として再編された。戦車や騎馬レースで有名であり、当初、勝者には松の葉の冠が捧げられていたが、その後、セロリの葉の冠に替わった。この祭典の起源を巡っては諸説あるが、後二世紀にギリシアを巡歴して『案内記』を記したパウサニアスによれば、イノの息子メリケルテスの死を

コリントス遺跡。奥に聳えるのがアクロコリントス。

悼んで創設されたとされる。他方でパウサニアスに幾分先行するプルタルコスは、街道の旅人を襲うシニスという野盗をアテナイの英雄テセウスが退治した記念と伝える。後者の伝説からは、ギリシア本土での街道の未発達と往来に際して盗賊に襲われるなどリスクの高さが窺える。

イストモスの神域には劇場や競走場（スタディオン）といった施設も備わるが、ポセイドン神殿に隣接するパライモン（メリケルテス）の神殿の基壇部分からは、地下道が通じており、それは競走場のスタートライン脇に置かれた水盤の真下を通るという。この地下道は幅六〇～七〇センチ、高さ一・九メートルあり、歩いて通ることが可能で、宗教的な機能こそ違えど清水寺の「胎内めぐり」や善光寺の「お戒壇めぐり」を彷彿とさせる。パウサニアスによれば、どうやらイストミア祭の競技参加者たちは、この地下道で「選手宣誓」を行い、誓いに背いた者は、「そこから逃れる一切の術はない」とされている。

国際的交流拠点としての役割とその歴史

イストモスは、ギリシア本土の中心に位置することもあり、政治的にも重要な役割を果たした。前一九六年、第二次マケドニア戦争の後、ローマの将軍フラミニヌスは、イストミア祭の会場で、ギリシア世界の去就を案ずる満場のギリシア人たちに対して「ギリシアの自由」を宣言したが、この時のギリシア人の歓喜の声の大きさのあまり上空のカラスが落ちてきた程だったと言う。だが、前一四六年、コリントスも所属するアカイア同盟がローマに破れたことで、ギリシア世界は実質的にローマの支配下に入り、またコリントスも徹底的に破壊された。それでも、祭典は存続し、前四四年にカエサル（シーザー）がこの都市を復興した際に再びコリントスの主催に戻ったが、やがてローマ帝国がキリスト教化していく過程で、三世紀から四世紀頃にその歴史に幕を閉じた。

ところで、ソクラテスの唯一の外遊先が何故、イストミア祭だったのか。はっきりとは分からない。案外、四大祭典開催地の中ではイストモスがアテナイからもっとも「近場」という単純な理由だったかもしれない。四大祭典とはいっても、地中海世界のどこに居住するかで、その心理的な親しさや重要性は個々のポリスや個人にとって差異があった可能性も考えてみるべきなのだろう。

第83話　アイヒシュテットに眠る聖女とヴァルプルギスの夜

田島篤史

キリスト教における巡礼

　キリスト者にとって、聖書に描かれている土地に行ってみたい、そこで祈りたい、といった欲求は自然なものであり、西欧世界から聖地（イェルサレムはじめとするパレスチナ地方）を訪れた最古の記録は四世紀にまで遡る。こうした聖地巡礼は、高い宗教的価値があるとされてきたが、長期に渡るイスラーム勢力との聖地領有をめぐる争いは、この宗教的行為自体を困難にするとともに、ヨーロッパ内で聖地に代替する巡礼地の誕生を促した。例えば、一四八七年にローマ教皇シクストゥス四世が、イェルサレムに匹敵する巡礼地として認めたスペインのサンティアゴ・デ・コンポステーラは、今なお多くの巡礼者の目指すべき土地となったし、カトリック教会の総本山である聖都ローマもそれに比肩する人気ぶりであった。こうした大規模な巡礼地以外にも、中小の巡礼地がヨーロッパ各地にみられるようになり、中世以降増え続けたその数は、ドイツ語圏だけで数千に達した。

　本章では、現代も多くの巡礼者が集うドイツのアイヒシュテットと、そこに眠る聖女ヴァルブルガについて紹介したい。

聖女ヴァルブルガ

　ヴァルブルガは、七一〇年頃イングランドのウェセックスで生まれたとされる。父親の死後、ウィムボーンの修道院に入り、教育を受けたと言われる。七三五年頃には、後の初代マインツ大司教であるクレディントンのボニファティウスの要請で、二人の兄たちとともに宣教活動のためドイツへ渡った。

　ヴァルブルガのドイツでの活動は、概ね修道院と関わっている。七五一年頃、兄ヴィリバルトが設立したハイデンハイムにあるベネディクト会の二重修道院（男女ともに受け入れる修道院。ただし内部での生活は男女別）に入り、女子部の修道院長を務めた。七六一年に男子部の修道院長であった兄ヴニバルトが亡くなると、ヴァルブルガが男子部の修道院長も兼ねるようになり、七七九年頃に同地で没するまで、その職に従事した。死後、ヴァルブルガはハイデンハイムに埋葬されたが、およそ一世紀後、アイヒシュテット司教オトガルによって彼女の聖遺物（イエスや諸聖人らの遺体・身につけていたものなど）はアイヒシュテットに移された。

聖ヴァルブルガ崇敬

アイヒシュテットを巡礼で訪れる人々は、万病に効くとされる「ヴァルブルガの聖油」を求めてやって来る。この聖油にまつわる奇跡は、八九三年にはじめてみられたとされる。当時のアイヒシュテット司教エルヒェンボルトが、モンハイムのベネディクト会女子修道院の修道院長リウビラからの懇願を受けて、ヴァルブルガの聖遺物の一部を同修道院へと納めるべく墓所を開かせた際、聖遺物匣《こう》（聖遺物を納める容器）から聖油が流れ出たという。

この聖油は遺骨から流れ出ていると信じられており、現在でも一滴たりともこ

聖ヴァルブルガの聖遺物匣
（アイヒシュテット巡礼教会内に安置）

ぼさぬように集められる。聖油がとれるのは、一〇月一二日から翌年の二月二五日までのあいだで、前者は、聖遺物が現在の聖遺物匣に納められ、主祭壇下に安置された日、後者はヴァルブルガの命日にあたる。

当初、ヴァルブルガ崇敬の中心地は、聖遺物が分納されたモンハイムであった。現在のようにアイヒシュテットが崇敬の中心地となったのは、一一世紀以降のことである。一〇三五年、この地に女子大修道院が創設されると、一〇四二年にヴァルブルガの聖遺物は同大修道院に納められ、以後、巡礼者が集まるようになった。モンハイムの女子修道院はというと、一五四二年に廃院となり、その後、分納されていた聖遺物は失われてしまった。

ヴァルプルギスの夜

カトリック教会の暦である典礼暦では、ヴァルブルガの祝日は彼女の命日の二月二五日に定められている。これはこの世で亡くなるということが、天国に昇って行くことを意味しているためである。これをキリスト教では帰天と呼び、帰天日を祝祭日として規定されている聖人は多い。ちなみに典礼暦の祝祭日には等級があり、上から順に「祭日」「祝日」「記念日」と分れているのだが、ヴァルブルガは祝日の他に記念日も定められている。彼女の記念日は五月一日であり、これはモンハイムに聖遺物が運ばれた日だとされている。

ヴァルブルガ崇敬とは無縁の人たちにとって、彼女の祝祭日といえば、通常五月一日を思い浮かべるだろう。四月三〇日の晩から五月一日の未明にかけては「ヴァルプルギスの夜」と呼ばれ、魔女集会が催される日として知られている。しかしその起源は、キリスト教以前にまで遡る季節の節目の日である。かつてゲルマン人は、一年を夏と冬とに二分していたのだが、四月三〇日は、恐ろしい冬が最後の力を振り絞って暴れる日だと考えられていた。こうした異教的慣習の多くは、近世に猖獗を極めた魔女迫害を経て悪魔崇拝と結びつけられていった。その後一九世紀に、かの文豪ゲーテが『ファウスト』のなかで、「ヴァルプルギスの夜」にブロッケン山で催される魔女集会を描いたことから、そのイメージが広く普及したとされる。現在もハルツ地方では、「ヴァルプルギスの夜」に様々なイベントが催され、魔女（の衣装に身を包んだ人たち）が集まるが、魔女集会とヴァルブルガとは、本来なんの関係もなかったのである。

第84話　聖ヴォルフガング巡礼　――伝説と史実のはざまで――

田島篤史

巡礼地ザンクト・ヴォルフガング

オーストリアのオーバーエスタライヒ州では、アルプスの山々と氷河湖が織りなす絶景をそこかしこで堪能できる。ヴォルフガング湖畔の小都市ザンクト・ヴォルフガングもそのひとつである。年間を通じて多くの人々がこの町を訪れるが、そのほとんどは、大自然の中の美しい町並みを楽しむ観光客だ。しかしよく見ると、異なる様相の人たちにも気づくだろう。彼らが目指すのは、町の中心にある教区教会である。そう、この湖畔に建つ白壁の教会は、中世以来多くの巡礼者たちが目指す霊場でもあるのだ。

この地で崇敬されているのは、都市名にもなっている聖ヴォルフガングである。ザンクト・ヴォルフガングは、一三世紀以来、聖ヴォルフガング崇敬の中心地として多くの巡礼者を集め、一六世紀前半に巡礼の最盛期を迎えた。この頃のザンクト・ヴォルフガングは、三大巡礼地に数えられるローマやサンティアゴ・デ・コンポステーラにも並び称されるほどの名声を博し、西欧世界では指折りの巡礼地として賑わっていた。この町にヴォルフガングの崇敬者が集まるのは、ここが聖人ゆかりの地であるからに他ならず、彼は生前このあたりに隠遁していたと伝わっている。

聖ヴォルフガング

ヴォルフガングは一〇世紀のドイツに実在した人物で、レーゲンスブルク司教を務め、ベネディクト会修道院の改革に尽力したことで知られている。その生涯は、レーゲンスブルクの聖エメラム修道院で副修道院長を務めたアルノルトなる人物が、一〇三六年頃に書き上げた二冊の奇跡譚集のうち、第二巻にあたる『聖エメラムとその崇敬者たちの記録』

聖ヴォルフガング像
(右手に斧、左手に司教杖を持つ。ザンクト・ヴォルフガング教区教会北側外壁内に安置)

の中に詳しい。またアルノルトの少し後に、同じく聖エメラム修道院の修道士オトローが執筆した伝記『聖ヴォルフガングの生涯』にも、ヴォルフガングの事績が詳細に描かれている。

しかし奇妙なことに、これらふたつの史料には、かの聖人が湖畔で隠遁生活を送っていたことについては何も書かれていない。両史料は、九九四年にヴォルフガングが没したのち、数十年のうちに成立している。つまりほぼ同時代の史料である。のみならず、ヴォルフガングは聖エメラム修道院長でもあったため、同院の両修道士の手になるこれらふたつの伝記的史料は、ヴォルフガング研究においては、かなり確度の高い記述とされてきた。そうした史料にも拘わらず、隠遁生活については言及がないのである。

伝説の成立

同時代史料でヴォルフガングの隠遁に触れていないとなると、これは後世の創作ということになる。ではいつ頃から隠遁について語られるようになったのであろうか。史料の残存状況から正確なことはわかりかねるが、断片的な記録から推察するに、一三世紀後半からヴォルフガング湖一帯が聖ヴォルフガングと結びつけられていったように思われる。はっきりと史料に現れるのは、一四一六年のことである。ではどのような創作がなされたのか、いくつかみていきたい。

ザンクト・ヴォルフガングの背後にそびえるシャフベルクの中腹に建つファルケンシュタイン教会は、レーゲンスブルクを離れたヴォルフガングが隠棲していた場所のひとつとして伝わる。石灰岩の岸壁に覆いかぶさるように建てられた教会は、均整美とはほど遠い、いびつな形状をしている。これは岩壁にある洞窟を塞ぐかたちで教会堂が建てられているためで、教会堂に背面の壁はなく、内部では聖人が棲んでいたとされる洞窟と通じている。

ファルケンシュタイン教会を訪れた者は、教会の鐘を鳴らしていく。これは鐘の音によって聖人とのつながりが得られると考えられているためで、参詣者は礼拝堂の隅にぶら下がっているロープを引いて鐘を鳴らし、聖人に自らの来訪を告げるのである。四国遍路においても、参詣者らが各札所で鐘撞きを行うが、オーストリア山中

ファルケンシュタイン教会の内部

でも同様の習俗がみられるのは興味深い。

　ファルケンシュタイン教会からしばらく歩き、眼下に湖がみえてくるあたりに、こぢんまりした小屋がある。かつてここには「投斧礼拝堂」という、一風変わった名の礼拝堂が建っていた。ヴォルフガングは隠棲中に絶えず悪魔に悩まされたが、煩わされずに神に仕えることのできる場所を求め、この場所から斧を投げた。斧が落ちた場所に新しく礼拝堂を建てるためであった。このとき投げた斧が落ちたところが、現在のザンクト・ヴォルフガングの教区教会のある場所だとされていて、投斧したとされる場所からはじつに四キロメートルも離れている。聖ヴォルフガングを表す持物《アトリブート》が斧であるのは、この投斧伝説に由来している。

　上記をはじめ様々な伝説が成立し、さらには流布することで、多くの人たちが聖人に魅せられ、巡礼に訪れたのであろう。その結果、都市は経済的にも大きく発展した。現在、レーゲンスブルクからザンクト・ヴォルフガングまでは「ヴォルフガングの道」と呼ばれている。ツーリズムと結びつくことで、かの聖人は益々多くの人たちを惹きつけている。

第85話　ザンマライの聖母

田島篤史

巡礼のはじまり

ドイツのニーダーバイエルン地方ヴォルファッハ渓谷の丘陵地帯にあるザンマライは、古くから巡礼地として多くの人々を惹きつけてきた。ザンマライとは、聖母マリアを意味するラテン語Sancta Maria（サンクタ・マリーア）が、ニーダーバイエルン方言であるSankta Marei（ザンクタ・マーライ）となり、それがさらに訛ってSammarei（ザンマライ）となったと言われている。つまりこの地は、聖母マリアに献げられた巡礼地なのである。

ザンマライでの巡礼に関する記述は、一六一九年の冬に同地で発生した火災のあとにはじめて現れる。後にアルダースバッハにあるシトー会修道院で修道院長を務めたゲラールト・ヘアガーによる年代記の中に見つかるものがそれである。ザンマライの農場には、一五二一年以前から木造の礼拝堂が建っていた。一六一九年の火災で、礼拝堂の周囲にある木々が燃え、火の粉が礼拝堂の屋根に降りかかった。しかし礼拝堂は焼けることなくその姿を保ち、すぐそばにあったりんごの樹は、翌年も芽吹き、花咲き、実をつけたという。その年採れたりんごはこの上なく甘美であったため、当時の修道院長ミヒャエル・キルヒベルガーは、そのりんごをバイエルン選帝侯妃エリーザベトに献上した。彼の願いは、礼拝堂の周りに新たな教会堂を建てる許可を、選帝侯マクシミリアンから得ることであった。幾度かの書簡のやり取りの末、ようやくその許可を得ると、バイエルン選帝侯お抱えの建築家イーザク・バーダー指揮の下、教会堂建設が開始された。

工事のために礼拝堂は農場から現在の街道沿いに移されると、その周りを囲うように教会堂が建てられた。完成したのは今からおよそ四百年前、一六二九年四月一日のことである。大火災の現場となった農場と、燃えずに無傷で残った礼拝堂を一目見ようと、多くの人々が新しい教会堂を訪れるようになり、それがこの地の聖母巡礼のはじまりとなったと考えられる。

木造礼拝堂と奉納画

ザンマライの巡礼教会に入ると、ほとんどの人は東側正面の祭壇に圧倒される。壁一面が初期バロック様式の巨大な祭壇になっていて、中央の祭壇画の下にある穴からその奥にある木造礼拝堂の主祭壇が覗いている。正面に立つと、あたかも両者が一体になっているように見える。この巨大祭壇壁の左右には木造礼拝堂へと繋がる通路があり（現在は施錠されている）、そこを入っていくと、さらに驚かされる。大量の奉納画が所狭しと壁に掛けられていて、その数はおよそ一三〇〇枚にのぼる。

キリスト教における奉納画は、ex voto（エクス・ヴォート）と呼ばれる一連の奉納物の一種である。エクス・ヴォートとは、ラテン語の前置詞 ex と中性名詞 votum の奪格である voto とが結びついた語で、本来は、「誓願により」「誓いをこめて」という意味であるが、巡礼地の聖人・聖母らに誓願とともに奉納物を納める慣習が定着していくにつれ、次第に奉納物自体を指し示すようになった。多くの場合、奉納画は絵を描くことを生業としない一般人によって描かれていて、全体的に素朴な

ザンマライ巡礼教会（聖母被昇天教会）内にある木造礼拝堂。外壁一面に奉納画が掛けられている。

描写なのが特徴である。また近世以降は形式が画一化されていったため、どの地域に納められている奉納画もよく似た構図をもっている。日本の絵馬に近いが、祈願・感謝・記念・請願・追悼など、様々な機会に奉納される点で少し異なっている。

ザンマライに納められた奉納画のうち現存最古は一六四一年のもので、この奉納画には、一六三六年に「重い苦しみとわずかな貧困のために、最終的に神によって癒やされるまで、誰からも慰めを受けようとしなかった」アンドレ・フューバーという男が、聖母マリアに庇護と信頼を寄せて捧げ物をするやいなや、日ごとに状態が良くなり、全能の神とその母マリアに永遠の賛美と感謝を述べる旨が書かれている。このような感謝の奉納は最もよくみられる形式である。

ザンマライ現存最古の奉納画（1641 年）

調剤する聖母マリア

ザンマライのエクス・ヴォートには、上記のほかにも一風変わった奉納画がみられる。テクスト部分がマドリガルとなった奉納画である。マドリガルとは、一四世紀にイタリアで、一六〜一七世紀にイタリアとイギリスで生まれた多声歌曲のことである。両者は根本的に異なっていて、前者は牧歌的叙情詩に作曲された二声または三声の楽曲で、後者は洗練された文学的な詩に作曲された通作形式による楽曲である。ただしザンマライには、歌詞はあるが旋律がない。つまり詩なのである。ザンマライのマドリガルには、全部で六つのマドリガルをもつ奉納画が納められていて、ここでは一七三一年に納められた八行からなる韻文詩をもつマドリガルを紹介したい。

あなたは魂と肉体に足りない救いと癒やしを求めます、
マリア様にゆだねなさい、彼女はあなたを慰められるし、そのつもり、
かつてここザンマライで彼女がそれをしたように。
マリア様だけに呼びかけなさい、さすればすべてを解き放ってくれる、
だけど薬の目方を量るように、

マリア様はあなたの心も秤に乗せる。
この場所で、心と言葉でマリア様をノックする人、
マリア様は今それを聞いている、だから黙って立ち去りなさい。

他の多くの奉納画と違い、この詩は明らかに教養ある人の手になるもので、聖母マリアを薬剤師に重ね合わせる表現は、ドイツ語圏では珍しい。絵画部分も、素人の作画とは思えぬほど精緻で、おそらくは自発的な奉納ではなく、依頼に基づく制作ではなかろうか。残念ながら、ザンマライのマドリガルは未だ研究がないため、今後待たれるところである。

最盛期ほどではないにしろ、今日もなお多くの巡礼者が訪れるザンマライ。たとえ巡礼でなくとも、鑑賞に訪れるに十分価値のある教会である。

第86話　イギリスのカンタベリー巡礼と二〇世紀演劇

吉田正広

大司教トマス・ベケット暗殺と奇跡

一一七〇年一二月二九日、カンタベリー大司教トマス・ベケットが大聖堂内で国王ヘンリー二世の四人の騎士に殺害された。遺体が大聖堂に安置されると奇跡が始まる。奇跡はローマ教皇庁に報告され、二年後にトマス・ベケットは列聖され、奇跡を求めて巡礼者が集まる。ベケット殺害はどのような意味を持つのだろうか。二〇世紀の詩人T・S・エリオットの詩劇「寺院の殺人」（一九三五年初演）の脚本と演出を手がかりに考察する。

「寺院の殺人」の脚本

最初に、カンタベリーの庶民の女たちが、「コーラス」（ギリシア語のコロス）として登場し、大司教不在の七年間を嘆き、これから起こる悲劇を詩で予告する。

第一部の舞台は一一七〇年一二月二日の大司教ホールで、七年ぶりに亡命先フランスからベケットが帰還することを告げる使者と僧侶たちのやりとりがあり、ベケットが登場する。トマス・ベケットは四人の誘惑者と対話する。第一の誘惑者は、テムズ川で国王とともに遊んだ思い出を語り、国王との和解を勧める。第二の誘惑者は、ベケットが以前務めた大法官の権力を力説し、世俗権力へと誘惑する。第三の誘惑者は、イングランドがアンジュー家の支配する土地となったことを嘆き、国王に反逆するよう誘惑する。第四の誘惑者は、聖徒と殉教者は墓場からこの世を支配するとして、ベケットに殉教を勧める。

幕間劇の一一七〇年一二月二五日朝のクリスマスの説教においてベケットは、ミサは主の十字架上の受難と死を演じるのであり、この日は主の誕生と十字架上の死を同時に祝う時だと力説する。翌二六日も聖ステファノの殉教を喜び嘆く日であると。説教の最後に、キリスト教の殉教は偶然でも人間の意志でもなく、神の意志だと決意する。

第二部の舞台は一一七〇年一二月二九日である。その第一場「大司教ホール」では、四人の騎士がトマス・ベケットを非難し、ベケットがそれに反論する場面が展開する。第二場「大聖堂」では、僧侶たちが大司教を晩祷《ばんとう》のために祭壇へ連れて行く際に、身の安全のために大聖堂の扉を閉めさせたが、ベケットは、教会はあらゆるものに開かれなくてはならないと、扉を開けるよう命ずる。四人の騎士とその従者が大聖堂へ押し入り、最後はベケットを剣で殺害する。

このあと、四人の騎士が舞台に整列し、観客に直接語り始める。第一の騎士は、イングランドの陪審制の精神を語り、自分たちの行為を公平に判断して欲しいと訴える。第三の騎士は、自分には何の私心もなく、聖職者の殺害は恐ろしいことだと告白する。第二の騎士は、「中央政府の下における霊的秩序の維持と地上的組織の支配との完全なる統合」という王の抱いた理想国家を力説する。第四の騎士は、ベケットは死を決意して大聖堂の扉を開けさせたので、「異常なる心理状態における自殺」を犯したと主張する。そして四人はそろって退場する。

舞台上では、僧侶たちが、ベケットは聖徒や殉教者とともに天国にいると確信し、最後にカンタベリーの女たちが「テ・デウム」の調べとともに主の栄光を称え、「聖トマスよ、われわれのために祈りたまえ」と乞うて、幕が閉じる。

四人の「誘惑者」と四人の「騎士」の演出

詩劇「寺院の殺人」は、一九三五年六月一五日「カンタベリー・フェスティバル」の一環として、チャプター・ハウス（参事会会議場）で初演を迎えた。演出家E・マーティン・ブラウンは、その後のロンドン公演、アメリカ公演を含めて、自らの舞台演出を詳しく論じている。ここでは演出面から「寺院の殺人」を考えてみたい。

　九〇分の上演時間で「殺人」の背景を観客に認識させるための演出として、四人の「誘惑者」を登場させ、さらに四人の「誘惑者」と四人の「騎士」を対応させている。ロンドン公演からは「誘惑者」と「騎士」を同じ俳優が演じる。第一の「誘惑者」は国王やベケットの遊び仲間、第二は世俗の宮廷官僚、第三はアンジュー家支配に敵愾心を持つイングランド貴族という設定である。第四の「誘惑者」はベケット自身の内面の葛藤を示しており、映画版では、俳優を登場させずにT・S・エリオット自身の声で語っている。

「寺院の殺人」が初演されたチャプター・ハウス。1170年にベケットが殺害されたカンタベリー大聖堂の北翼廊に隣接する（2007年撮影）。

このあと舞台では、死を覚悟したベケットが殉教とは何かを自問自答する展開となる。幕間劇クリスマス・ミサの説教は、殉教に関するベケット自身の見解を提示する機会となる。

もっとも興味深い演出は、四人の騎士がベケット殺害後、観客に直接問いかける場面である。演説後四人の騎士が舞台から降りて客席の間を通って退出することで、この問いは、初演が行われた一九三〇年代の時点で観客に問いかけたと言えよう。第四の騎士の演説は、ベケットが殉教であったかどうかの判断を、われわれに強く迫るのである。

初演のチャプター・ハウスの舞台では、巡礼者の寄付で拡張された大聖堂そのものや、ステンドグラスに描かれた奇跡によって、ベケットの死は殉教だったと証明されたように思える。一一七二年の聖トマスの列聖に先だって教皇特使がカンタベリーに派遣されたが、その目的は聖トマスの奇跡が本当に起こったかどうかを確認することであった。キリスト教巡礼の出発点は、殉教とその後に起こる奇跡にあるのではなかろうか。

エリオットは、二つの世界大戦において兵士や民間人の大量死を経験した二〇世紀に、トマスベケットの「殉教」の意味をわれわれに問いかけたことになる。

第87話　ロンドンの戦争記念碑 ——巡礼と市民的愛国心——

吉田正広

二〇世紀イギリスの巡礼

北フランスやベルギーに点在する第一次世界大戦のイギリス人戦死者墓地を遺族が訪問する旅は「戦争墓巡礼」と呼ばれ、巡礼研究の一分野である。第一次世界大戦後のイギリス各地に建てられた戦争記念碑に花を捧げる行為も「巡礼」と言及される。イギリスのさまざまな戦死者追悼行為には、四国遍路のお遍路さんと共通する「思い」が含まれているように思えてくる。ここでは、イギリス人が戦争記念碑に込めた思いをロンドンの戦争記念碑を題材に検討する。

国家の追悼施設ホワイトホール・セノタフと巡礼

イギリスの国会議事堂から北へ数分歩いたホワイトホールの通りの真ん中に、新古典様式のセノタフ（ギリシア語で「空の墓」）が建っている。毎年、一一月一一日前後の「追悼日曜日」には政府主催の戦死者追悼式典がセノタフの周辺で行われ、国王はじめ、王室と政府、議会の代表によって赤いポピーの花輪がその基壇に献じられる。イギリス国家の追悼施設として機能することの記念碑は、最初からそうだった訳ではない。その存在は「巡礼」とかかわる。

「空の墓」は、一九一九年七月一九日に予定されたロンドン戦勝パレードで、行進する兵士が戦死者に敬礼を捧げる対象として、木材と漆喰で「仮に」設置された。勝利を祝う歓喜に満ちた戦勝パレードが進む中で、「空の墓」周辺の悲しみに包まれた静寂さが注目されることになる。同年一一月一一日の休戦一周年の日には政府の公式式典はなく、国王の花束が使者によって「空の墓」に置かれ、政府関係者が花束を捧げただけだったが、この日、多くの女性たちが花を捧げようと自然発生的に「空の墓」に集まった。周辺は花と女性たちで埋めつくされた。このような女性たちの行為が新聞各紙で「巡礼」と報道され、「空の墓」の神聖性が一般に認識されるようになった。

交通に対する懸念もあったが、結局、同じ場所に石造の「恒久的」セノタフを建てることを政府が決め、一九二〇年一一月一一日の休戦二周年の日に、国王による除幕式が大々的に行われた。除幕式では座席や立ち見席を用意するなど政府は遺族の女性たちに最大限配慮し、式典後も彼女たちの「巡礼」を許可した。現在でも「恒久的」セノタフの前で政府の公式追悼式典が挙行され続けるのは、このような遺族の女性たちの「巡礼」があったからこそではないかと理解できる。

シティの「ロンドン部隊記念碑」と市民的愛国心

もう一つ、第一次世界大戦の戦死者追悼や記念碑建立が地域社会と密接に関連する事例がある。

ロンドン・シティの王立取引所前の「ロンドン部隊記念碑」(写真)には「この記念碑は、一九一四〜一九一九年の大戦中に王と帝国に仕えたロンドンの士官、下士官及び兵士の永遠の栄誉のために、ロンドンのシティとカウンティによる誇りと感謝

ロンドン・シティの王立取引所前のロンドン部隊記念碑。左手にイングランド銀行の一部が見える(2017年撮影)。

の気持ちを表すものとして、捧げられた」と刻まれる。この碑文からは、「王と帝国」という表現で世界のロンドンとしての誇りと愛国心とともに、記念碑を設立した市民たちの「誇りと感謝」の気持ちが「ロンドン部隊」に従軍した兵士たち全員に向けられていることが読み取れる。記念碑の背面には「ロンドン部隊」のすべての部隊名が刻まれており、そのほとんどは、ロンドンの市民から構成される志願制に基づく市民軍（郷土防衛部隊《テリトリアルズ》）である。兵士は普通の職業を持つ市民であり、平時における各部隊の維持・管理もロンドンの地域社会が担っていた。

一九一八年一一月一一日に休戦が締結されると、ロンドン・シティの市長「ロード・メイヤー」は、戦場に残された市民軍をどのようにロンドンに迎えるべきかという課題に直面する。市民軍の歓迎のために、国王が閲兵するバッキンガム宮殿からシティまでの「ロンドン兵士の行進」が計画され、一九一九年七月五日土曜日に実施された。行進に参加した現役および退役の市民兵には市長の感謝状が授与され、部隊ごとに昼食も用意された。「ロンドン部隊記念碑」は、市民軍の一連の歓迎行事の一環として計画されていた。

記念碑の建設費も行進の費用もすべて市民の寄付によって賄われた。一九二〇年一一月一二日の「ロンドン部隊記念碑」の除幕式にはロンドンの市民軍関係者、自治体関係者が参列し、ロンドンのシティとカウンティ合同の公式行事として実施された。ここには、若い市民たちを積極的に戦場に送り出したロンドンのシティやカウンティの自治体関係者、金融機関など上層市民の責務も垣間見られる。この記念碑はこのような意味で「市民的愛国心」を体現し、また戦死者だけでなく、帰還した市民軍の兵士たちをも顕彰し、今後も市民軍を自治体として維持していく決意のようにも見えてくる。

四国遍路の札所の境内には、それぞれの地域社会から出征して死亡した地元の兵士を追悼する碑や施設が用意されている。五十一番札所石手寺の境内に設置された「パゴダ」(愛媛県ビルマ戦没者慰霊塔)はその一例である。札所に設置されている第二次世界大戦の戦死者を追悼する様々な碑や施設にも思いをはせたい。

第88話　アメリカ・マンザナール巡礼

加藤好文

マンザナールとは

今から一〇年前の二〇一五年四月二五日、カリフォルニア州オーエンズバレーにあった「マンザナール収容所」の跡地で行われた慰霊祭「第四六回マンザナール巡礼」（ピルグリミッジ）に参加した。ロサンゼルスから北東方向に車で四時間ほどのシエラネバダ山脈麓に広がる荒れ地に作られたこの収容所は、太平洋戦争時にアメリカ西海岸に住んでいた約一二万人の日本人及び日系アメリカ人（以下、「日系人」と総称）が「敵性外国人」として強制収容された全米一〇箇所の一つで、一九四二年から四五年にかけて一万人余りがここで苦難の生活を強いられたのである。収容されていた日系人によって四三年に建てられた高さ七メートルの慰霊塔は収容所の象徴として当時の姿を今に留め、「アメリカ的価値観」の実相を映し出す鏡の役目を果たしているように思える。ここでは、アメリカ的な巡礼地として、マンザナールを紹介したい。

「負の遺産」の聖地化

二〇一五年時点で年間約八万人がマンザナールの地を訪れているとのことだが（『朝日新聞』二〇一五年五月二一日付記事参照）、およそ一マイル（一・六キロ）四方の収容所跡地は戦後長きに亘って荒廃した状態であった。ところが、キング牧師などを中心とした公民権運動の成果として一九六四年に公民権法が成立し少数派の人びとに光が当たり始めた結果、六九年から日系人有志による巡礼が開始されると、この歴史的遺産の保護活動が活発化し、九二年には国の史跡に指定され、一〇箇所の中で復元整備が最も進んだ場所となっている。戦後八〇年を迎えた現在、「法の下の平等」に反した「同国人の収容所」跡地を「聖地」と見なし、アメリカは言わばこの「負の遺産」を保存し、一般市民参加型の巡礼地として継承しているのである。

「慰霊」と「癒し」の巡礼

当日現地では、国内外から訪れた数百人に及ぶ人びとが見つめる特設ステージで各界代表者のスピーチに次いで実際に収容所生活を送った人が体験談を語り、その後、参加者全員が慰霊塔前に移動して仏教の僧侶とキリスト教牧師による異教徒間礼拝式に続けて焼香と献花を行い、最後は広場で「音頭ダンス」を踊って巡礼行事は幕となった。この場に立って改めて、当時の日系人たちの三年半に及ぶ有刺鉄線に囲まれた暮らしを追想することはもちろんのこと、行き先も知らされないまま窓を覆われた列車とバスでこの地に連行される道中の彼らの不安な心中を想像してみること、さらには収容所内で亡くなった人や「同じアメリカ人」を証明すべく日系人部隊に志願してヨーロッパ戦線で命を落とした人を悼むことも大切な巡礼行為であると痛感した。

さて、第四六回の共通テーマ「ワタシハ　マンザナール：コウミンケン・レガシー　ケイショウ」の下で、一九四四年にカリフォルニア州最北端の地にあった「ツールレイク収容所」の中で生まれたというカリフォルニア州立大学サクラメント校名誉教授サッキ・イナ氏の基調講演は戦後七〇年の節目に相応しい注目

マンザナール収容所跡地での巡礼行事

に値するものであった。物質的・精神的喪失を体験し「誇り」を傷つけられ「恥辱」にまみれた日系人たちが戦後もアメリカで生きていくために沈黙を守り収容所の記憶を消し去ろうとした経緯を語った後、一世から二世さらにその後の世代に伝播したこの「トラウマ」が、時の経過の中で、ゆっくりと着実に「癒し」へと変化する兆しが表れてきたとイナ氏は述べる。その証拠として、基本的な権利が侵されることに対して、アメリカ市民としても人間としても、自分たちの言葉や行動で示す「ノー」の声が次第に大きな共感を呼んでいることを挙げる。その意味でも、彼女は「ワタシハ　マンザナール」から「ワタシタチハ　マンザナール」に向かう深遠な「癒しの巡礼旅」の意義を強く訴えて講演を締めくくったのである。

「理念」確認の巡礼

第二次世界大戦の惨禍に巻き込まれ「自由」を奪われた戦争犠牲者のことを想い、死者の霊を慰め、癒しを求める現地巡礼の一例を取り上げた。そこには、首都ワシントンのナショナル・モールという「国家的聖地」巡礼と併せて、「自由・平等・民主主義」を標榜して建国されたアメリカの理念に反した歴史を肌で実感し、高邁な理念を再確認できるこのような巡礼空間を保存し未来に受け継いでいこうとする人びとの強い意志を読み取ることができるように思われる。

主要参考文献

〈著書〉

浅井澄善『へんろ功徳記と巡拝習俗』朱鷺書房、二〇〇四

アルフレッド・ボーナー（佐藤久光・米田俊秀共訳）『同行二人の遍路・四国遍路八十八ヶ所霊場』大法輪閣、二〇一二

石井義長『空也上人の研究―その行業と思想』法蔵館、二〇〇二

伊藤敬『室町時代和歌史論』新典社研究叢書175、新典社、二〇〇五

伊予史談会編『四国遍路記集』（伊予史談会叢書　第三集　増訂三版）、伊予史談会、一九九七

上原善広『四国辺土―幻の草遍路と路地巡礼』角川書店、二〇二一

内田隆三『国土論』筑摩書房、二〇〇二

愛媛県教育委員会編『四国八十八箇所霊場詳細調査報告書　第四十九番札所浄土寺』愛媛県教育委員会、二〇二一

愛媛県歴史文化博物館編『学校の宝物』愛媛県歴史文化博物館、二〇二三

愛媛大学「四国遍路と世界の巡礼」研究会編『巡礼の歴史と現在』岩田書院、二〇一三

愛媛大学四国遍路・世界の巡礼研究センター編『四国遍路の世界』筑摩書房、二〇二〇
愛媛大学四国遍路・世界の巡礼研究センター編『四国遍路と世界の巡礼（上）―最新研究にふれる八十八話―』創風社出版、二〇二二
エフ・スタール『お札行脚』金尾文淵堂、一九一九
荻原井泉水『俳壇十年』小西書店、一九二三
川端龍子『詠んで描いて四国遍路』小学館、二〇〇二
月刊へんろ編集部編『伊予鉄巡拝バス五十年史』伊予鉄道、二〇〇三
ケネス・E・フット（和田光弘他訳）『記念碑の語るアメリカ―暴力と追悼の風景』名古屋大学出版会、二〇〇二
河野善太郎『秩父三十四札所考』埼玉新聞社、一九八四
小嶋博巳『六十六部日本廻国の研究』法藏館、二〇二二
埼玉県教育委員会編『歴史の道調査報告書第十五集・秩父巡礼道』埼玉県県政情報資料室、一九九二
坂詰秀一編著『釈迦の故城を掘る』北隆館、二〇一五
下村千秋『遍路行』中央公論社、一九三一

丈六寺顕彰会編『阿波　丈六寺』丈六寺顕彰会、一九七八
関秀夫『経塚の諸相とその展開』雄山閣出版、一九九〇
反町茂雄『一古書肆の思い出4　激流に棹さして』平凡社、一九八九
髙畠純夫・齋藤貴弘・竹内一博『図説　古代ギリシアの暮らし』（ふくろうの本）、河出書房新社、
　二〇一八
高群逸枝『遍路と人生』厚生閣、一九三九（のち岩波文庫、二〇〇四）
棚橋久美子編『阿波国上田美寿日記』清文堂出版、二〇〇一
『徳島市の文化財』編集委員会編『徳島市の文化財』徳島市教育委員会、二〇〇二
徳島市立徳島城博物館編『四国遍路と徳島藩』徳島市立徳島城博物館、二〇二〇
西聡子『四国遍路と旅の文化』晃洋書房、二〇二三
藤岡照房『山頭火の謎』愛媛新聞メディアセンター、二〇〇八
松本清張『砂の器』上下巻、新潮社、一九七三
森正人『四国遍路の近現代』創元社、二〇〇五
山谷敏夫『フォトエッセイ・四国は、今』私家版、一九八九
湯之上隆『日本中世の政治権力と仏教』思文閣出版、二〇〇一

吉田正広『ロンドンにおける戦死者追悼と市民』晃洋書房、二〇二二
『エリオット全集　第二巻　詩劇』改訂版（福田恆存代表訳）、中央公論社、一九七一
『香川の文化財』香川県教育委員会、二〇二一
『山頭火全集』九巻、春陽堂書店、一九八七
『大興寺調査報告書—四国八十八ヶ所霊場第六十七番札所』香川県・香川県教育委員会、二〇一四
『日本歴史地名大系三七　徳島県の地名』平凡社　二〇〇〇
『名勝阿波国分寺庭園保存整備事業—本堂（瑠璃殿）修理工事—報告書』宗教法人　國分寺　二〇一〇

Awecker, Hertha, *Mondsee: Markt, Kloster, Land*, Linz 1952
Beitl, Richard und Klaus (Hrsg.), *Wörterbuch der deutschen Volkskunde*, 3. Aufl., Stuttgart 1974
Browne, E. Martin, *The Making of T. S. Eliot's Plays*, Cambridge, 1969
Kalhammer, Hubert (Text), Gregor Peda (Aufn.), *Wallfahrtskirche Maria Himmelfahrt in Sammarei*, Passau 2005
Kulturstiftung der Länder (Hrsg.), *Domschatz- und Diözesanmuseum Eichstätt: Die Walburga-Teppiche*, Eichstätt 2004

Ogilbee, Mark, Jana Riess. *American Pilgrimage: Sacred Journeys and Spiritual Destinations,* Brewster, 2006
Wimmer, Otto, *Kennzeichnen und Attribute der Heiligen,* Innsbruck/ Wien 2000
Ziebermayr, Ignaz, *St. Wolfgang am Abersee: Seine Legende und ihr Einfluss auf die österreichische Kunst,* 2. verbesserte Aufl., Horn 1961
Zinnhobler, Rudolf (Text), Peter und Wolfgang Pfarl (Aufn.), *Der heilige Wolfgang: Leben, Legende, Kunst, Kult,* Linz 1975

＜論文＞

浅川泰宏「巡礼が刻む道と時」『歴史地理学』五七―一、二〇一五
浅川泰宏「北の大地のハイブリッドな巡礼文化―北海道三十三観音霊場の調査から」『徳島地域文化研究』一七、二〇一九
浅川泰宏「観音巡礼のフィールドワークからの逆照射―四国遍路と比較巡礼研究」『四国遍路と世界の巡礼』八、二〇二三
石川椿「「椿堂」由来」『伊予の民俗』六、一九七五

胡光「新発見の遍路日記『四国順拝みちの日記』」『四国遍路と世界の巡礼』六、二〇二一
大本敬久「四国遍路に関する民俗文化財の継承と課題―世界遺産・無形文化遺産登録の動向から―」『四国遍路と世界の巡礼』八、二〇二三
小幡尚「四国霊場と戦争―第三番札所・金泉寺の事例―」『人文科学研究』（高知大学人文社会科学部人文社会科学科人文科学コース）二五、二〇二三
加藤好文「草の根のアメリカ・マンザナール巡礼」『四国遍路と世界の巡礼』二、二〇一七
河村みゆき「をぢさん　山頭火翁の霊前に」『層雲』一九四一・四
木村無相「山頭火を思う」『光友』三九二、一九七五
齋藤貴弘「古代ギリシアの「巡礼」―エレウシスの秘儀入信を中心に」『四国遍路と世界の巡礼』三、二〇一八
齋藤貴弘「（第4章）古代ギリシアの宗教―神々と人間のコミュニケーション」長谷川岳男編著『はじめて学ぶ西洋古代史』ミネルヴァ書房、二〇二二
重本哲也「四国における大師信仰の構造―阿波脇町における大師講と遍路―」『鳴門史学』一六、二〇〇二
須藤茂樹「近世阿波の山村社会の諸様態―授業実践成果の紹介・「露口家文書」を素材として―」『四

国大学紀要人文・社会科学編』五九、二〇二二
高橋昌明・吉田敏弘「善通寺近傍絵図現地調査報告」昭和五九年度科学研究費総合研究（A）研究成果報告書『荘園絵図の史料学・読解に関する総合的研究』滋賀大学教育学部、一九八五
寺内浩「空也と辺地修行」『四国遍路と世界の巡礼』九、二〇二四
中川未来「近世・近代移行期における人の国内移動と四国遍路」『部落問題研究』二三五、二〇二〇
中川未来「法律第一一号「癩予防ニ関スル件」（一九〇七年）の位置付け」『四国遍路と世界の巡礼』九、二〇二四
西耕生「「谷深み立つおだまきは我なれや」―伝慈鎮筆本『狭衣』巻三発端試解―」『愛媛国文研究』七〇、二〇二〇
則武海源「ティラウラコットの現状を考える」『立正大学大学院紀要』三七、二〇二一
長谷川賢二「勝瑞と修験道」石井伸夫・仁木宏編『守護所・戦国城下町の構造と社会―阿波国勝瑞』思文閣出版、二〇一七
服部光真「近世明石寺の確立と碑伝・由緒書」愛媛県歴史文化博物館編『明石寺と四国遍路』愛媛県歴史文化博物館、二〇二一
町田哲「近世後期における徳島藩の御林と請負―那賀川中流域を事例に―」『鳴門史学』

二六、二〇一三
松永友和「武士の四国遍路」『四国遍路と世界の巡礼』六、二〇二一
三好賢子「松尾寺木造弘法大師坐像について」『ミュージアム調査研究報告』二、二〇一〇
村上東俊「ティラウラコットにおける近年の考古学調査について」『印度學佛教學研究』六五—一、二〇一六
森下純昭「『狭衣物語』冒頭部「花こそ春の」引歌考」『岐阜大学国語国文学』二六、一九九九
森下純昭「『狭衣物語』冒頭部分の人名引用をめぐって」『岐阜大学国語国文学』二七、二〇〇〇
守田逸人「「讃岐国善通寺領絵図」調査ノート」『よみがえる荘園』勉誠出版、二〇一九
守田逸人「中世善通寺領の史実と伝承をあるく」『大学的香川ガイド』昭和堂、二〇二二
Ayscough, Florence, "*Wallfahrt zu Zweien* Alfred Bohner *Épisodes du Heiké Monogatari* by S. Goto, M. Prunier", *The Journal of the Royal Asiatic Society of Great Britain and Ireland,* No. 1, 1933, pp. 206-208

【執筆者一覧】

胡　光（えべす ひかる）愛媛大学法文学部教授／センター長・センター科研代表者
青木　亮人（あおき まこと）愛媛大学教育学部教授／センター兼任教員・センター科研分担者
浅川　泰宏（あさかわ やすひろ）埼玉県立大学保健医療福祉学部准教授／センター科研分担者
大石　雅章（おおいし まさあき）鳴門教育大学名誉教授／センター科研協力者
大本　敬久（おおもと たかひさ）愛媛大学地域協働推進機構特定准教授／センター協力研究員・センター科研協力者
岡本　桂典（おかもと けいすけ）高知県文化財保護審議会会長・元高知県立歴史民俗資料館副館長／センター科研協力者
岡本　佑弥（おかもと ゆうや）徳島市立徳島城博物館学芸員／センター科研協力者
小幡　尚（おばた ひさし）高知大学人文社会科学系人文社会科学部門教授／センター科研分担者
加藤　好文（かとう よしふみ）愛媛大学名誉教授／センター協力研究員
川島　佳弘（かわしま よしひろ）愛媛大学法文学部講師／センター兼任教員
小嶋　博巳（こじま ひろみ）ノートルダム清心女子大学名誉教授／センター科研協力者

齋藤　貴弘（さいとう たかひろ）愛媛大学法文学部教授／センター兼任教員
佐藤　守（さとう まもる）株式会社乃村工藝社営業推進本部所属／センター科研協力者
須藤　茂樹（すどう しげき）四国大学文学部日本文学科教授・同大学院文学研究科長／センター科研分担者
竹川　郁雄（たけかわ いくお）愛媛大学名誉教授／センター協力研究員・センター科研協力者
田島　篤史（たじま あつし）愛媛大学法文学部准教授／センター兼任教員
寺内　浩（てらうち ひろし）愛媛大学名誉教授／センター協力研究員・センター科研協力者
中川　未来（なかがわ みらい）愛媛大学法文学部准教授／センター兼任教員・センター科研分担者
中根　隆行（なかね たかゆき）愛媛大学法文学部教授／センター兼任教員
西　耕生（にし こうせい）愛媛大学法文学部教授／副センター長・センター科研分担者
萩野　憲司（はぎの けんじ）元東かがわ市歴史民俗資料館学芸員／元センター科研協力者
長谷川賢二（はせがわ けんじ）徳島県立博物館上席学芸員／センター科研分担者
町田　哲（まちだ てつ）鳴門教育大学大学院学校教育研究科教授／センター科研分担者
松永　友和（まつなが ともかず）徳島県立博物館学芸係長／センター科研分担者
三好　賢子（みよし まさこ）香川県立ミュージアム主任専門学芸員／センター科研協力者

村上　紀夫（むらかみ　のりお）奈良大学文学部教授／センター科研分担者
モートン常慈（もーとん　じょうじ）エアトラベル徳島誘客戦略室マネージャー／センター科研協力者
守田　逸人（もりた　はやと）香川大学教育学部教授／センター科研分担者
吉田　正広（よしだ　まさひろ）放送大学愛媛学習センター所長・愛媛大学名誉教授／センター協力研究員

四国遍路と世界の巡礼（下）
— 最新研究にふれる八十八話 —　KAZE BOOKS 22

2025年3月15日 発行　　定価＊本体1400円＋税

編　者　愛媛大学四国遍路・世界の巡礼研究センター
発行者　大早　友章
発行所　創風社出版
〒791-8068 愛媛県松山市みどりヶ丘9－8
TEL.089-953-3153 FAX.089-953-3103
振替 01630-7-14660 http://www.soufusha.jp/
印刷 ㈱松栄印刷所　　製本 ㈱永木製本

ISBN 978-4-86037-351-1 C0214

えひめに風を　えひめから風を――――風ブックス

地方分権・地域おこし等の言葉も耳慣れ「地方の時代」の幕は開けたかに見えたが、未だ東京一極集中の現状は変わらない。むしろ、情報化社会・国際化社会へのうねりの中で、地方と中央の格差は更に拡がっているかのようである。

が、この新しい時代の波は、各地域に暮らすひとりひとりの足下をも洗っている。今、地方に生きる私たちは、私たちの足場を確認すべき時にきているといえよう。そこで、まず私たちの住むこの地を、自然・社会・風俗・歴史・文学など様々な角度から明らかにしていくことを提言したい。明らかにされたひとつの地域の有り様は、あらゆる地域に共通するひとつの姿をもあらわすことだろう。そこから地域の自立への道筋も探れるにちがいない。

こうした意図から、ここに、えひめを語る・えひめから語る人々の発表の場として風ブックスを発刊する。風ブックスからの発信は、えひめからの、四国からの、瀬戸内からの、そして日本からの発信である。

（一九九四年　創風社出版）

風ブックス№1　柳　哲雄　著

風景の変遷　―瀬戸内海―

祖先が残した様々な手がかりから祖先と瀬戸内海の風景との関わり方を想像、その変遷を辿りつつ私達の暮らしと瀬戸内海のあるべき姿を探る。

一四五六円＋税

風ブックス№2　小暮　照　著

石鎚山気象遭難

―石鎚に散った多くの生命に捧げる―

愛媛の山岳史を縦糸に綴る石鎚山遭難の歴史　西日本最高峰の石鎚山。四季折々壮美な姿で人々を魅了するこの山は、反面、多くの命を奪ってきた。実際におこった四つの事故をもとに遭難の状況を推測し、再現・分析する。

一二〇〇円＋税

風ブックス№3　小西　昭夫　著

金曜日の朝　愛媛新聞文芸特集「俳句」欄　小西選

愛媛新聞朝刊金曜日の投句欄、小西昭夫選一九九五年分の総集編。親しみやすい新聞俳壇を展開、選者と投句者の四季折々の言葉の行き来を再録。

一二〇〇円＋税

風ブックス№4　藤沢真理子　著

風の祈り

―四国遍路とボランタリズム―

四国八十八ヵ所を巡るお遍路さんとそれを助けた四国の人々の関係の中に、日本的福祉思想。ボランタリズムの原点の一つがあるのではないだろうか―。若い感性が見つめ直す四国遍路とお接待。

一二〇〇円＋税

風ブックス№5　木村三千人　著

さつまいも史話

―コロンブスから芋地蔵まで―

大三島に今も残る芋地蔵信仰。瀬戸内の農民たちの思いを伝えるこの地蔵は、その歴史をはるかコロンブスの時代にまで遡る。芋はどのルートを経てこの地にたどりつき、下見吉十郎はいかにして芋を持ち帰ったか。

【品切れ・電子版有り】

風ブックス№6　柳　哲雄　著

潮の満干と暮らしの歴史

海洋物理学者が潮汐学の視点から過去の文学書や歴史書の記述に対して新たな考察を行う。自然科学の知識で人文世界を読む、知的楽しみ。

一〇〇〇円＋税

風ブックス№7　福田　安典　著

愛媛文学小鑑　その1

驚きのえひめ古典史

―愛媛に来て驚いた。忠臣蔵あり、源氏物語あり、俳諧連歌あり、まさに宝石箱をひっくり返したように、古典文化のかけらが散らばっている―忘れられていた愛媛の魅力あふれる古典文化が、大阪人の著者の軽妙洒脱な筆で蘇る。

一二〇〇円＋税

風ブックスNo.8　大成経凡 著

近世今治（いまはる）物語

高虎が築いた今治城の築城思想に迫り、決して松山藩のおまけではなかった今治藩独自の文化を追う。近世今治の幕開けから幕末まで。

一三〇〇円＋税

風ブックスNo.9　田村憲治 著

子規と古典文学

子規研究に欠かせない古典文学との関わり。「特に説話文学の専門領域を生かした「子規と宇治拾遺物語」の論考は、瞠目すべき内容である」（村上護）

一二〇〇円＋税

風ブックスNo.10　木村三千人 著

瀬戸内風土記 大山祇神社をめぐって

長年にわたり郷土史研究に携わり数々の研究成果を発表してきた著者が綴った、史論とエッセイ。義経の鎧、数々の絵馬等、大山祇神社に伝わる文化財に秘められた物語をはじめ、瀬戸内を舞台にした先人の興味深い史話満載。**【品切れ・電子版有り】**

風ブックスNo.11　玉井葵 著

昭和十年愛媛の「狸騒動」

お袖狸、汽車に乗る

松山市は目抜き通りのお堀端・八股榎に住む霊験あらたかなお袖狸。鉄道工事で追い出された狸は、越智郡大井村の明堂へ引っ越して…。昭和初期の愛媛を席巻した狸騒動を現代の目で読み解く。

一二〇〇円＋税

風ブックスNo.12　みもとけいこ 著

愛したのは、「拙にして聖」なる者

漱石文学に秘められた男たちの確執の記憶

漱石・子規・そして虚子。『坊っちゃん』の舞台、松山での交錯した人間関係が漱石の深層心理にもたらしたものとは？ 実に六作品に登場する下女〈清〉とは誰か？新しい視点で読み解く漱石文学の光と闇。**【愛媛出版文化賞受賞】**

一三〇〇円＋税

風ブックスNo.13　玉井葵 著

伊予の狸話

狸伝説のメッカ・伊予の国（愛媛）。かかる国の、狸伝説の現在をまとめてみた。集めた狸話三三二件　狸ファン必見・狸伝説の決定版

一二〇〇円＋税

風ブックスNo.14　藤井満 著

石鎚を守った男

峰雲行男の足跡

彼はいったい何者だったんだろう。大好きな四国の霊峰・石鎚で、虫の声、木々の声を人間に知らせる「森の翻訳者」？ それとも知識を駆使して彼らを守る「森の弁護士」？ 石鎚の自然を守ることに生涯を捧げた男の足跡を辿る。

一二〇〇円＋税

風ブックスNo.15　余田　実　著

ローカルTVニュースの夜明け

南海放送報道部外伝

一九五八年、テレビ開局を目前にした南海放送に入社。以来、退職まで三十五年間。奥道後開発秘話・学力テスト問題・YS機松山沖墜落事故等々テレビニュースとともに歩んできた報道記者が振り返る、テレビ黎明期の愛媛の事件簿。

一三〇〇円＋税

風ブックスNo.16　斉間　満　著

匿名報道の記録

あるローカル新聞社の試み

「知る権利」に応えつつ、どう人権に配慮していくか。全国で唯一、「匿名報道」を実践してきた愛媛県八幡浜市の『南海日日新聞』。様々な事件はどう報道されたか。試行錯誤の現場を編集長が語る。

一三〇〇円＋税

風ブックスNo.17　柳　哲雄　著

姜沆（カンハン）

宇和島城と豊国神社に落書きをした儒学者

かつて宇和島城に落書きをした儒学者がいた。彼は何故、命がけの落書きをしなければならなかったのか？　**日本に儒教を伝えた虜囚の生涯**

一二〇〇円＋税

風ブックスNo.18　堀内　統義　著

芝不器男

昭和初期愛媛県松野町で生まれた夭折の俳人・芝不器男の生涯を辿る評論。現代俳句の先駆けと言われる彼の瑞々しい抒情俳句の源泉を探る。

一六〇〇円＋税

風ブックスNo.19　木下　博民　著

青年・松浦武四郎の四国遍路

―宇和島伊達藩領内の見聞―

幕末から明治の探検家・松浦武四郎は、蝦夷地を探査し、「北海道」という名を発案した人物。若い頃より各地を旅した彼は、十九歳の時、四国霊場を巡拝、宇和島を訪れている。彼が見た幕末の宇和島、その足取りを辿る。

一二〇〇円＋税

風ブックスNo.20　田中　貞輝　著

幕末宇和島万華鏡

幕末宇和島の歴史の表舞台では取り上げられない興味深いエピソードを紹介。当時の変革の空気を伝え人々のいきいきとした姿を映す。

一二〇〇円＋税

風ブックスNo.21　愛媛大学四国遍路・世界の巡礼研究センター　編著

四国遍路と世界の巡礼（上）

最新研究に触れる88話

千二百年の歴史を有し今なお生きた四国の文化である四国遍路と、世界の巡礼の学際的研究を進め、最新の研究成果をわかりやすく紡いだ88話・上巻。四国遍路と世界の巡礼の魅力と理解を深める一冊。**【愛媛出版文化賞受賞】**

一三〇〇円＋税